编 委

（按姓氏笔划排序）

王 严　王 珩　卢秋怡　冯昊青　刘 彬
刘鸿武　李雪冬　邱利民　张建珍　张艳茹
欧 荣　周 倩　徐 薇　蒋云良　温美珍

浙江智库
ZHEJIANG THINK TANK
浙江省区域国别
与国际传播研究智库联盟

浙江省对外区域
国别合作发展丛书

主 编 周 倩 王 珩
副主编 刘鸿武

浙江省参与共建"一带一路"

波罗的海三国卷(2013—2023)

欧 荣 编著

ZHEJIANG UNIVERSITY PRESS
浙江大学出版社
·杭州·

图书在版编目（CIP）数据

浙江省参与共建"一带一路". 波罗的海三国卷：
2013—2023 / 欧荣编著. -- 杭州：浙江大学出版社，
2025. 6. --（浙江省对外区域国别合作发展丛书 / 主编：
周倩、王珩；副主编：刘鸿武）. -- ISBN 978-7-308
-26511-9

Ⅰ. F127.55；F118.535.4

中国国家版本馆CIP数据核字第2025KM2106号

浙江省参与共建"一带一路"：波罗的海三国卷（2013—2023）

欧　荣　编著

丛书策划	包灵灵　董　唯
责任编辑	董　唯
责任校对	仝　林
封面设计	周　灵
出版发行	浙江大学出版社
	（杭州市天目山路148号　邮政编码310007）
	（网址：http://www.zjupress.com）
排　　版	杭州林智广告有限公司
印　　刷	杭州钱江彩色印务有限公司
开　　本	710mm×1000mm　1/16
印　　张	6.5
字　　数	113千
版 印 次	2025年6月第1版　2025年6月第1次印刷
书　　号	ISBN 978-7-308-26511-9
定　　价	68.00元

目　录

总报告

领域篇

国别篇

总报告

浙江省与波罗的海三国全面合作的回顾与展望

欧　荣　钟丽佳

摘　要： 浙江省作为中国重要的经济大省，在与波罗的海三国（爱沙尼亚、拉脱维亚、立陶宛）的合作中具有独特的优势。本报告梳理了 2013—2023 年浙江省与波罗的海三国在经贸、教育、文化等方面的合作交流情况，分析了浙江省与波罗的海三国在合作发展中的机遇与挑战，以期为相关政策制定和实践操作提供有价值的建议。就未来发展而言，从宏观层面来看，浙江省应加强对波罗的海三国的综合和交叉研究，以便更好地进行交流和对接；就微观层面而言，浙江省与波罗的海三国在贸易、投资、教育、科技和文化等方面的互补性较强，双方应进一步挖掘合作潜力，通过优势互补实现共同发展。

关键词： "一带一路"；浙江省；波罗的海三国；国际合作

作者简介： 欧荣，文学博士，杭州师范大学环波罗的海国家研究中心执行主任、教授。

钟丽佳，教育学博士，杭州师范大学外国语学院讲师、环波罗的海国家研究中心研究员。

波罗的海三国，包括爱沙尼亚、拉脱维亚和立陶宛，位于欧洲东北部，毗邻波罗的海，具有重要的地理、历史、经济和文化地位。2012 年中国 – 中东欧国家合作机制启动，波罗的海三国积极加入该机制。中国与波罗的海三国在经贸、人文等众多领域取得了丰硕的合作成果。浙江省作为中国重要的经济大省，在与波罗的海三国的合作中具有独特的优势。

一、浙江省与波罗的海三国合作发展回顾

随着全球化的深入发展，国际合作已成为推动世界经济增长的重要途径。浙江省与爱沙尼亚、拉脱维亚和立陶宛三个波罗的海国家在经贸、教育、文化等多个领域有着广泛的合作。以下回顾近年来浙江省与波罗的海三国的合作发展情况，分析浙江省与这三国在合作发展中的机遇与挑战，并为未来的发展提出展望，贡献有价值的建议。

研究发现，浙江省与波罗的海三国的交流合作主要是在"一带一路"倡议和中国–中东欧国家合作机制的基础上发展起来的，在新冠疫情暴发之前有非常稳定的合作交流机制，如定期举办博览会、市长论坛、教育交流周、文化交流周、旅游交流周等。浙江省与波罗的海三国合作的城市主要为宁波、义乌和杭州。

（一）经贸、教育、人文交流合作

浙江省与波罗的海三国的进出口贸易近年来虽波动较大，但一直保持着较大的贸易顺差。在与浙江省的贸易往来中，体量最大的是立陶宛，体量最小的是爱沙尼亚，拉脱维亚介于中间。2022 年由于国际局势的影响，浙江省与立陶宛的贸易额大幅下降。浙江省对波罗的海三国的主要出口商品包括机械、电子设备、化工产品等。浙江省与波罗的海三国的双向投资规模也相对较小，但呈现出稳步增长的趋势。

浙江省与波罗的海三国的教育交流主要开展于 2010 年之后。中国–中东欧国家合作机制及"一带一路"倡议等国家层面的合作机制，为浙江省寻求与波罗的海三国的合作提供了方向指引与重要支撑。浙江省与波罗的海三国开展教育交流的城市主要为宁波。根据浙江省的城市发展战略布局，宁波作为"一带一路"枢纽城市，以深耕中东欧国家为主要方向。相较于与其他共建"一带一路"国家的交流合作，浙江省与波罗的海三国在教育领域的交流合作在数量和质量上都较为有限。这与波罗的海三国自身的国情和政策有关，在一定程度上也是因为浙江省对这三国教育发展的了解仍然有限。

在"一带一路"倡议的背景下，浙江省与波罗的海三国的合作进一步拓展到了人文交流方面。浙江省与波罗的海三国的人文交流有三个层面的机制支撑，即政府之间的互访交流、举办高级别论坛、举办文化展会。浙江省与波罗

的海三国在文化领域的合作丰富多样,包括举办艺术节和文物展览、建设文化交流中心等。这些合作为双方人民了解彼此的文化提供了机会,有助于增进相互理解和互信。浙江省与波罗的海三国在旅游领域的合作也逐渐加强,双方互为旅游目的地,游客数量逐年增长。此外,双方还在旅游产业、旅游政策等方面展开合作,共同推动旅游业的繁荣发展。然而,双方在人文交流中仍存在一些挑战,如语言障碍、文化差异等。为进一步推动人文交流合作,双方应加强政策沟通,扩大文化交流,提高旅游合作水平,以实现更高层次的互利共赢。

(二)合作城市特色

宁波与波罗的海三国的交流合作比较全面,体现在政府交往、经贸、教育、文化、旅游等各方面。宁波率先提出要建成"三个首选"之地,即中国与中东欧国家双向投资合作的首选之地、中东欧商品进入中国市场的首选之地,以及中国与中东欧国家人文交流的首选之地。作为中国重要的港口城市,宁波拥有得天独厚的地理优势和发达的港口物流体系,为浙江省与波罗的海三国的经贸往来提供了便利的交通条件。宁波发达的制造业和物流业吸引了波罗的海三国众多企业的关注,许多企业通过与宁波企业合作,实现了业务拓展和经济增长。此外,宁波还在招商引资方面发挥了积极作用,吸引了一批波罗的海三国的企业前来投资,进一步推动了经贸合作。人文交流是促进国家间友谊和相互理解的重要途径。宁波通过与波罗的海三国在教育、文化、旅游等领域的合作,搭建起了一座中国与波罗的海三国人文交流的桥梁。

义乌在浙江省与波罗的海三国的经贸往来中发挥着关键性作用。首先,作为中国的重要商贸城市,义乌拥有全球最大的小商品市场,为浙江省与波罗的海三国的贸易往来提供了广泛的渠道,在促进贸易便利化、扩大市场准入等方面发挥了积极作用。其次,义乌地理位置优越,交通便利,是连接亚洲与欧洲的重要物流枢纽。随着"一带一路"建设的深入推进和"义新欧"中欧班列的开通,义乌的国际物流地位日益凸显,为浙江省与波罗的海三国的经贸合作提供了强有力的支撑。

杭州在促进浙江省与波罗的海三国的文化交流、推动艺术合作以及增强文化认同方面也做出了重要贡献。研究表明,杭州作为历史悠久的文化名城,吸引了波罗的海三国的众多艺术家前来参加各种艺术展览、演出等活动。例如,爱沙尼亚的画家在杭州举办个人画展,立陶宛的舞蹈团在杭州进行巡回演出,拉脱维亚的民间音乐家在浙江音乐学院进行交流演出等。另外，杭州图书馆发起成立的中国–中东欧国家图书馆联盟以及浙江音乐学院发起成立的中国–中东欧国家音乐院校联盟等不仅丰富了杭州的文化艺术市场，也加深了浙江省与波罗的海三国之间的文化艺术交流。

二、浙江省与波罗的海三国合作发展的总体建议

当下，全球局势面临百年未有之大变局，浙江省与波罗的海三国的合作也面临着新的挑战和机遇。就挑战而言，新冠疫情的阻隔以及国际局势的变化等都为浙江省同波罗的海三国的合作发展带来了不同程度的影响。但是波罗的海三国面临的国家安全形势的变化、社会经济发展多元化的要求、产业链转型的现实需求等也为浙江省与这三国的合作提供了新机遇。新形势下，深化浙江省与波罗的海三国合作需要创新思维、创新路径，制定行之有效的推动发展的策略。

（一）加强对波罗的海三国的综合和交叉研究

就宏观层面和长期战略而言，国内学界，尤其是浙江省域学界应加强对波罗的海三国的综合和交叉研究，以便加强双方了解和互信，促进双方更通畅地交流和对接。欧美国家对波罗的海三国的研究起步早，研究力量强，研究成果多，如美国早在 1968 年便成立了波罗的海三国研究协会①，多所大学开设了与这三国相关的专业课程和研究机构；英国、瑞典的多所名校也设有相关学位课程和研究机构。亚洲国家中，日本、印度、韩国对波罗的海三国的研究虽然起步较晚，但受到政府层面的重视和支持，发展很快。如日本早稻田大学从 2008 年起便和日本外务省合作举办日本–波罗的海三国论坛（后拓展为日本–北欧–波罗的海三国论坛）②；印度神圣文化大学于 2016 年设立波罗的海三国文化和研究中心；2018 年，韩国外国语大学与拉脱维亚教育科学部签署谅解备忘录。

相比之下，国内有关波罗的海三国的研究一直处于较边缘的地位，专门的研究机构屈指可数，主要包括贵州大学波罗的海区域研究中心、辽宁大学波罗的海国家研究中心、杭州师范大学环波罗的海国家研究中心以及上海财经大学

---

① 详见该协会网站：https://aabs-balticstudies.org/about-aabs/.
② 参见日本外务省网站的相关论坛通知：https://www.mofa.go.jp/erp/we/page24e_000137.html.

爱沙尼亚与波罗的海区域研究中心。但这些研究机构成立时间都不长①,研究力量比较分散,且缺乏精通波罗的海三国语言的人才。而北京外国语大学、北京第二外国语学院仅开设波罗的海三国语言的本科专业,缺少专业的研究人才。杭州师范大学环波罗的海国家研究中心作为浙江省唯一的相关研究机构,可以发起成立波罗的海三国研究联盟,与其他机构和高校进行合作,取长补短,整合研究力量,加强对波罗的海三国的综合和交叉研究。此外,可以加强与国外相关研究机构的联系和交流,借鉴国外的做法,聘请专业的师资力量,开设相关的学位课程,创建相关的专业期刊等。

(二)遵循合作发展的务实原则

浙江省与波罗的海三国的合作发展具有广阔的空间,但在实际合作过程中,双方应抛开差异,遵循务实的原则。

首先,浙江省与波罗的海三国的合作要注重效率。国际形势多变决定了与波罗的海三国合作的效率优先,浙江省要拓展思路,抓住机遇,快速介入,加速发展。2023年受国际形势影响,波罗的海三国的电子产品、药品、生活日用品等商品出现短缺。在这种情况下,浙江省与波罗的海三国合作要抢占先机,发挥浙江省的产业优势,提高效率,构建高能级开放合作平台。

其次,浙江省与波罗的海三国的合作要注重实效。波罗的海三国发展面临的现实问题决定了浙江省与其的合作在短期内急需产生具体可见的成果,这就决定了浙江省与三国合作时提供的产品必须能够切实满足三国的现实诉求。在这种情况下,浙江省要全面把握自身优势和三国的市场需求,努力实现供需无缝接轨。在具体操作中融合中长期发展目标,实现长短期合作目标的有机结合,稳住局面,循序渐进,深化重点领域,突出实效。

最后,浙江省与波罗的海三国的合作要注重灵活性。我们需要紧密关注复杂多变的国际形势以及波罗的海三国国内的政经形势变化,全方位增强与三国合作的灵活性,合理有效地管控风险,以保障浙江省与三国合作的顺利进行。

---

① 贵州大学波罗的海区域研究中心和辽宁大学波罗的海国家研究中心于2017年获批为教育部高校国别和区域研究备案中心,杭州师范大学环波罗的海国家研究中心和上海财经大学爱沙尼亚与波罗的海区域研究中心于2021年获批为教育部高校国别和区域研究备案中心。这四个研究机构都挂靠在相关二级学院,并非实体化的研究机构。

（三）遵循合作发展的互补原则

浙江省与波罗的海三国在贸易、投资、教育、科技和文化等方面的互补性较强，双方应进一步挖掘合作潜力，通过优势互补实现共同发展。

首先，加强贸易合作。浙江省与波罗的海三国应进一步拓展在数字经济、跨境电商、绿色能源、木材、渔业等领域的贸易往来，尤其是可以将数字经济合作作为未来新的增长点，通过优化供应链，提高贸易便利化水平，促进贸易增长。

其次，深化投资合作。浙江省与波罗的海三国应加强投资信息交流，举办投资推介活动，为双方企业提供更多的投资机会，加强国际产能合作，补充和完善产业链架构。同时，双方应建立健全投资保护机制，保障投资者权益，提高投资环境稳定性。

再次，促进教育与科技合作。浙江省与波罗的海三国应加强高校交流与科技合作，共同开展研发项目，分享技术和创新资源；双方可以通过建立联合实验室、技术转移中心等，促进科技创新成果的转化和应用。

最后，加强人文交流。浙江省与波罗的海三国应加强文化、艺术、旅游等领域的交流与合作，增进相互了解和友谊。双方可以通过互设文化中心、举办文化节、成立文化艺术联盟等形式，促进文化交流与理解，以"民心相通"应对相关挑战。

领域篇

浙江省与波罗的海三国经贸合作报告

摘　要：近年来，随着"一带一路"建设的不断推进，亚非欧互联互通不断增强，中国同波罗的海三国的经贸合作迎来重大机遇。本报告借助翔实的数据资料，探讨了浙江省与波罗的海三国经贸合作的现状及特点，并在此基础上，总结了浙江省与三国经贸合作的风险与挑战，从开拓丝路新格局、产业链布局、供应链安全性等方面提出针对性的对策建议，探究加强"一带一路"经贸合作的路径。

关键词：浙江省；波罗的海三国；经贸合作；"一带一路"

作者简介：王淑翠，管理学博士，杭州师范大学阿里巴巴商学院教授、环波罗的海国家研究中心经贸方向负责人。

　　浙江省历史上一直是海上丝绸之路的重要组成部分，杭州、宁波、温州、舟山等城市也是海上丝绸之路的重要节点。同时，浙江省也是中国对外开放最早、开放程度最高的沿海省份之一。浙江省作为中国的主要经济大省，对外贸易在其经济发展中具有重要地位；而波罗的海三国作为波罗的海区域的经济体，其对外贸易也对本国经济产生重要影响。浙江省与波罗的海三国的经贸往来主要是在中国–中东欧国家合作机制和推动共建"一带一路"的背景下发展起来的。

一、浙江省与波罗的海三国经贸合作的背景

　　2012年，中国–中东欧国家合作机制正式启动。2015年，国家发展改革委、外交部、商务部联合发布了《推动共建丝绸之路经济带和21世纪海上丝绸之路的愿景与行动》，提出要以新的形式加强亚非欧各国之间的联系。为了更好地贯彻该文件精神，2015年浙江省政府工作报告明确提出，"认真落实国家重

大战略，着力提升浙江发展在全国的战略地位。积极参与丝绸之路经济带和 21 世纪海上丝绸之路、京津冀协同发展、长江经济带三大战略的实施……加强与 '一带一路'沿线国家的交流合作"①。2018 年浙江省政府工作报告提出，"坚持以'一带一路'为统领，加快形成全面开放新格局"，全面实施打造"一带一路"枢纽行动计划。②同年 6 月，浙江省发布了《浙江省打造"一带一路"枢纽行动计划》（下称《行动计划》），为推进浙江省"一带一路"枢纽建设提供了重要战略指导。《行动计划》提出，浙江省将推进形成以"一区、一港、一网、一站、一园、一桥"为框架的"一带一路"建设的总体格局。③

多年来，浙江省充分结合自身资源优势，加强与共建"一带一路"国家的关系建设，不断扩大开放程度，提升国际化水平，为省内各地区加强对外开放与国际交流提供了重要方向指引。宁波市也正是在浙江省的整体战略规划中，逐渐找准自身定位，并不断推进与中东欧国家的关系建设与国际合作。2017 年 5 月，国家主席习近平在"一带一路"国际合作高峰论坛开幕式上，提出宁波等古港口是"古丝绸之路的'活化石'"④。同年，首个中国–中东欧国家经贸合作示范区正式落户宁波。2018 年 4 月，宁波市政府出台《16+1 经贸合作示范

宁波中国–中东欧国家经贸合作示范区

（图片来源：浙江在线）

---

① 2015 年政府工作报告. (2015-01-27)[2024-04-02]. https://www.zj.gov.cn/art/2015/1/27/art_1546428_22505520. html.

② 2018 年政府工作报告. (2019-08-19)[2024-04-02]. https://www.zj.gov.cn/art/2019/8/19/art_1678453_37135585. html.

③ 浙江发布打造"一带一路"枢纽行动计划 "六个一"成重中之重. (2018-06-09)[2022-10-18]. https://www. yidaiyilu.gov.cn/p/57511.html.

④ 习近平. 携手推进"一带一路"建设. 人民日报, 2017-05-15（3）.

区建设实施方案》，提出了"3362"的总体框架：打造中东欧商品进入中国市场、中国与中东欧国家双向投资合作、中国与中东欧国家人文交流等"三个首选之地"；建设中国–中东欧博览会、16+1专项贸易便利化服务和索非亚中国文化中心等"三大平台"；实施贸易促进、投资合作、机制合作、互联互通、公共服务、人文交流等"六大示范工程"；建设数字16+1经贸促进中心、中东欧商品内销渠道、中东欧青年创业创新中心等20项重点工作任务。[①]

2019年3月，中国–中东欧国家投资贸易博览会更名为中国–中东欧国家博览会暨国际消费品博览会（以下简称"中东欧博览会"）。中东欧博览会是中国目前唯一聚焦中国–中东欧国家合作的国家级展会。中东欧博览会由浙江省人民政府和商务部主办，宁波市人民政府、浙江省商务厅、商务部外贸发展事务局承办，定期在宁波市举办。以博览会活动为契机，宁波还推出了"市长论坛"，以进一步拓展和深化与中东欧城市在产业经贸、人文教育等方面的交流合作。

第四届中国–中东欧国家投资贸易博览会

（图片来源：宁波广电网）

2020年6月10日，中国–中东欧国际产业合作园在宁波余姚揭牌。该园区以"4+1"产业为基础，重点引进新能源、新材料、数字经济、高端装备、生命健康等产业项目。据统计，截至2023年8月，产业合作园已签约总投资超750亿元的134个项目，总投资超681亿元的114个项目已开工建设或

---

① 中国第一个！一起走进首个16+1经贸合作示范区. (2019-04-09)[2022-10-18]. http://www.gov.cn/xinwen/2019-04/09/content_5380955.htm.

投产；其中，签约中东欧项目 11 个，总投资近 63 亿元。①2021 年，爱沙尼亚 Mist Mesh 边缘计算通信智慧路灯项目落户中国–中东欧国际产业合作园。

　　浙江省加快融入"一带一路"建设，深化与中东欧各国的全面合作，强化宁波"港口经济圈"建设的战略地位。中东欧国家特色商品常年展于 2015 年中国–中东欧国家投资贸易博览会期间初建成型，并亮相宁波进口商品展示交易中心。2021 年，中东欧国家特色商品常年展的升级版——中东欧国家特色商品常年馆在中东欧博览会期间开馆。该馆在全国设立了 36 家中东欧特色商品直销中心，并与中东欧贸易物流园基地形成"前店后仓"的格局，让中东欧国家特色商品走进千家万户。

首届中国–中东欧国家博览会暨国际消费品博览会的贸易对接活动

（图片来源：中国–中东欧国家博览会暨国际消费品博览会网站）

二、波罗的海三国的经贸发展现状

　　波罗的海三国恢复独立后，在计划经济向市场经济的转型期，经济一度陷入低迷，但在完成转型尤其是在加入欧盟后，经济快速增长。波罗的海三国均被世界银行列为高收入经济体，并保持着非常高的人类发展指数。

　　波罗的海三国的经济状况各有其优势和不足。爱沙尼亚经济保持快速增长，是欧盟中经济增长率排名前列的国家。该国的经济以服务业和 IT 业为主

---

① 浙江：为何中东欧项目"钟情"余姚这家产业园．(2023-08-15)[2023-12-25]．http://finance.people.com.cn/GB/n1/2023/0815/c457822-40057095.html．

导，其首都塔林是欧洲数字化程度最高的城市之一。该国的电子商务、在线支付和数字政府服务等都在欧洲乃至全球享有盛誉，然而，过度依赖单一产业可能导致经济波动和风险。拉脱维亚的经济以工业为主，特别是木材业和造纸业。该国奉行自由经济政策，法律法规比较健全，投资环境总体良好。立陶宛区位优势明显，全国人口仅280万人，但可辐射总人口达7亿人的欧洲多元化市场。该国的经济以农业和食品加工业为主。尽管其农业产值较高，但工业发展相对滞后。此外，该国的出口主要依赖欧盟和其他发达国家，而进口则主要依赖俄罗斯和其他新兴市场国家。

（一）经贸协定与区域合作

1992年，爱沙尼亚成为关贸总协定（GATT）的观察员，1999年成为世贸组织（WTO）成员。在区域贸易协定方面，爱沙尼亚是欧盟、欧元区和经合组织（OECD）的成员国。2004年，爱沙尼亚加入欧盟。除参与欧盟签署的区域性贸易协定外，目前爱沙尼亚没有对外签订国家间的区域贸易协定。

拉脱维亚于1998年加入世贸组织，2004年被接纳为欧盟成员国并加入欧元区，2016年加入经合组织，2020年加入《欧洲绿色协议》。

立陶宛的区域经济合作主要以波罗的海诸国为合作对象。目前，波罗的海国家理事会（BCM）、北欧和波罗的海国家合作组织（NB8）、欧盟与波罗的海地区战略合作组织为立陶宛与邻邦合作的主要形式。

（二）宏观经济

21世纪以来，波罗的海三国在欧盟的总体经济增长率排名中位于前列。2016年至2023年，波罗的海三国的GDP分别增长了2.74%、4.52%、4.43%、3.29%、-1.69%、6.73%、1.70%、-0.13%（表1），尤其是在2018年，三国经济经历了金融危机后仍以较高水平发展，增长亮点主要体现在工业、批发零售、汽车修理、运输仓储、住宿餐饮等行业。2020年，新冠疫情蔓延至全球，波罗的海三国也受到了一定的冲击，GDP增长率从2019年的3.29%滑落到2020年的-1.69%。2021年，随着疫情影响减弱，三国经济迅速反弹，增速达6.73%，其中立陶宛的增速达到了13.2%。

波罗的海三国在总体人口维持稳定的基础上，人均GDP在近些年稳定增长，从2016年的1.35万欧元增长到2021年的1.91万欧元，体现出地区内人均生产、消费和收入水平趋向高水平发展，也反映出该地区在国际上的竞争优势逐步加强。立陶宛统计局于 2024 年 1 月 31 日发布了 2023 年 GDP 快速估算数据。数据显示，2023 年立陶宛经济出现小幅衰退，扣除价格因素后，实际 GDP 同比下降 0.3%，但凭借高通胀和欧元升值，人均名义 GDP 达到 27155 美元，再创历史新高。拉脱维亚中央统计局的数据显示，该国 2023 年 GDP 较 2022 年下降 0.6%。爱沙尼亚统计局发布的 2023 年四季度及全年 GDP 初步数据显示，2023 年爱沙尼亚经济继 2022 年连续两年出现衰退，扣除价格因素后，实际 GDP 同比下降 3.0%，人均名义 GDP 初值下降到 29824 美元。波罗的海三国在经历了 2021 年的经济高增长后，发展动能在 2022 年似乎释放殆尽，2023 年三国经济尽显疲态。①

表 1　2016—2023 年波罗的海三国宏观经济情况②

年份	GDP 总量 / 亿美元	GDP 增长率 /%
2016	937.01	2.74
2017	979.40	4.52
2018	1022.78	4.43
2019	1056.45	3.29
2020	1038.61	−1.69
2021	1108.53	6.73
2022	1127.43	1.70
2023	1125.93	−0.13

就产业结构而言，2021 年，波罗的海三国第一产业（农林牧渔业）产值约占当年总体 GDP 的 3.2%；第二产业（采矿业，制造业，电力、燃气及水的生产和供应业，建筑业）产值约占当年总体 GDP 的 25.7%；第二产业（服务业）产值约占当年总体 GDP 的 71.1%，占据较大比重。

（三）对外贸易

就贸易总量而言，根据波罗的海三国统计局的数据，2022 年三国全年进出口贸易总额为 1702.2 亿美元。其中，出口 776.8 亿美元，同比增长 11.03%；

---

① 2022年爱沙尼亚GDP下降1.3%，拉脱维亚增长2%，那立陶宛呢？. (2023-04-25)[2024-03-18]. https://finance.sina.com.cn/wm/2023-04-25/doc-imyrrksc4358961.shtml.

② 数据由世界银行2016—2021年波罗的海三国GDP、GDP增长率、人均GDP计算获得。世界银行数据库详见：https://data.worldbank.org.cn/.

进口 925.4 亿美元，同比增长 18.29%。三国均有贸易逆差。服务进出口总额 627.5 亿美元，其中出口 369.7 亿美元，进口 257.8 亿美元。

波罗的海三国主要的经贸合作伙伴大多为欧盟和独联体国家。以 2021 年为例，爱沙尼亚的主要出口国为芬兰、瑞典、拉脱维亚，主要进口国为芬兰、德国和拉脱维亚；拉脱维亚的主要出口国为立陶宛、爱沙尼亚、俄罗斯、德国、瑞典，主要进口国为立陶宛、德国、波兰、爱沙尼亚、俄罗斯；立陶宛的主要出口国为拉脱维亚、波兰、德国、俄罗斯，主要进口国为波兰、德国、拉脱维亚。

就贸易结构而言，爱沙尼亚出口的主要商品有矿产品，电机、电气设备及其零部件，木材及木制品，锅炉、机械及其零部件，家具、寝具、灯具，车辆（火车、电车除外）及其零部件，钢铁制品，塑料及其制品，光学、照相、计量设备，钢铁、贵金属、宝石，乳制品、天然蜂蜜等。进口的主要商品有矿产品，电机、电气设备及其零部件，锅炉、机械及其零部件，车辆（火车、电车除外）及其零部件，木材及木制品、木炭，塑料及其制品，药品，钢铁、贵金属、宝石，光学、照相、计量设备，家具、寝具，灯具等。

拉脱维亚出口的主要商品有木材及木制品、电子机械设备及其零部件、锅炉设备、汽车及其部件、饮料和酒精、钢铁、矿物油及其蒸馏物、医药产品、钢铁制品、家具等。进口的主要商品有电子机械设备及其零部件、火车和有轨电车车头及其零部件、非有机化学品及贵金属化合物、飞机及其零部件、钢铁制品、橡胶及其制品、化肥、软木制品、船舶等。

立陶宛出口的主要商品主要有矿物燃料、矿物油，电机、电气设备，家具、寝具、灯具，塑料及其制品，车辆及其零部件，木材及木制品，肥料，药品，光学、照相、医疗等设备及其零部件等。进口的主要商品有矿物燃料、矿物油，电机、电气设备，车辆，塑料及其制品，药品，有机化学品，木材及木制品、木炭，钢铁制品，光学设备等。

（四）吸引外资

波罗的海三国政府十分重视吸引外国直接投资，不断推出促进外商投资便利化的新举措。如 2020 年，波罗的海三国吸收外国直接投资存量共计 641.41 亿欧元，其中超过 70% 来自欧盟国家，主要领域集中在金融保险业、房地产行业和制造业等。

世界银行数据库显示，2022 年爱沙尼亚以现价美元表示的外国直接投资净流入为 15.3 亿美元。①瑞士洛桑管理学院发布的《2021 年全球竞争力报告》显示，爱沙尼亚在全球 63 个经济体的竞争力表现中排名第 26 位，比 2020 年提升 2 位。②截至 2021 年年底，爱沙尼亚吸引外国直接投资存量 281.14 亿欧元。爱沙尼亚的前五大外国直接投资来源国分别是芬兰、瑞典、荷兰、卢森堡、德国，主要投资领域集中在金融、地产、制造业、批发零售、专业科技等领域。2021 年，爱沙尼亚对外直接投资存量为 90.54 亿欧元，排名前五位的投资目的地国分别是立陶宛、拉脱维亚、塞浦路斯、芬兰、俄罗斯，主要投资领域为制造业、科技、运输仓储。③近 10 年来，外商对爱沙尼亚直接投资的年均收益率为 11%，高于对立陶宛、拉脱维亚的投资收益率，反映出爱沙尼亚拥有良好的投资环境。

据拉脱维亚央行统计，截至 2021 年年底，拉脱维亚吸引外国直接投资存量 209.64 亿欧元，其中 80% 来自欧盟国家。世界银行数据库显示，2022 年拉脱维亚以现价美元表示的外国直接投资净流入为 12.2 亿美元。④外资存量较大的领域有金融保险、房地产、批发零售、汽摩维修、制造业及物流仓储。拉脱维亚的前五大外国直接投资来源国为澳大利亚、比利时、保加利亚、塞浦路斯和捷克。

世界银行数据库显示，2022 年立陶宛以现价美元表示的外国直接投资净流入为 6.86 亿美元。自 2013 年以来，随着立陶宛市场开放，企业私有化进程逐步展开，外国直接投资不断增长。立陶宛前六大外国直接投资来源国为瑞典、荷兰、爱沙尼亚、德国、塞浦路斯和波兰，投资主要集中在金融保险、制造业、批发零售、车辆修理、房地产、通信等领域。外资基本垄断了立陶宛的石化、金融、通信、保险等领域。另外，大型零售贸易公司中也有不少外资公司。除炼油厂、发电厂等工业企业外，绝大部分外国直接投资均集中在维尔纽斯、考纳斯、克莱佩达等基础设施条件较好的大城市，特别是投入首都维尔纽

① 数据来自世界银行2022年波罗的海三国"经济与增长"类目下的外国直接投资净流入情况。关于世界银行数据库"经济与增长"，详见：https://data.worldbank.org.cn/indicator/bx.klt.dinv.cd.wd.
② 详见：https://worldcompetitiveness.imd.org/countryprofile/DK/wcy.
③ 商务部国际贸易经济合作研究院，等. 对外投资合作国别（地区）指南——爱沙尼亚（2022年版）. (2023-03-01)[2024-03-18]. https://www.mofcom.gov.cn/dl/gbdqzn/upload/aishaniya.pdf.
④ 商务部国际贸易经济合作研究院，等. 对外投资合作国别（地区）指南——拉脱维亚（2022年版）. (2023-03-01)[2024-03-18]. http://www.mofcom.gov.cn/dl/gbdqzn/upload/latuoweiya.pdf.

斯的外资占立陶宛吸引外国直接投资总额的近 70%。

（五）重点特色产业

波罗的海三国由于不同的资源禀赋以及对不同产业的支持力度不同，在不同的产业展现出各具特色的比较优势。如爱沙尼亚的重点产业主要包括制造业、建筑业、交通运输业和旅游业等，拉脱维亚的林业、交通运输业、旅游业和化工医药业等产业具有特色，而立陶宛在高新科技产业、生命科学产业、激光产业上建立了独有优势。

（六）基础设施

公路方面，爱沙尼亚公路网络的三条主干线为塔林—纳尔瓦公路、塔林—塔尔图公路、塔林—帕尔努公路，它们分别与拉脱维亚和俄罗斯相连。从拉脱维亚乘国际巴士可前往莫斯科、圣彼得堡、华沙、明斯克、塔林、维尔纽斯等地，货运市场有德铁信可（DB Schenker）、中外运敦豪（DHL）、得斯威国际货运（DSV Transport）、德普达快运（DPD）等国际公司。立陶宛拥有发达的公路网，将其同欧盟及独联体国家连成一体。

铁路方面，正在修建的波罗的海快速铁路项目（Rail Baltic）自爱沙尼亚首都塔林出发，途经拉脱维亚和立陶宛，最后到达波兰首都华沙，并入欧洲铁路网系统。该项目也被称作"波罗的海高铁项目"，是欧盟交通运输网络规划的重要组成部分。

航空方面，波罗的海三国共有 8 个国际机场，分别为爱沙尼亚的塔林机场，拉脱维亚的里加、文茨皮尔斯、利耶帕亚机场，立陶宛的维尔纽斯、考纳斯、首莱、帕兰加机场。中国与波罗的海三国暂无直飞航线，有多条经赫尔辛基、莫斯科、法兰克福等地转机的航线可抵达帕兰加、考纳斯、塔林、里加和维尔纽斯等地。

波罗的海三国的水运也非常发达。爱沙尼亚最大的港口是塔林港，是终年可以通航的深水不冻港，担负着向邻近北欧国家的客、货运输任务。拉脱维亚三大港口为里加、文茨皮尔斯和利耶帕亚，均为全年不冻港。立陶宛具备较好的海运基础，克莱佩达港是波罗的海东岸最北的深水不冻港，是白俄罗斯、哈萨克斯坦等独联体国家的主要出海口，是东西方海路、公路、铁路运输的重要枢纽之一。

波罗的海三国也很重视数字基础设施建设。爱沙尼亚拥有高度发达的电信和IT基础设施，是世界上人均手机数量排名前列的国家之一，电子政务非常发达，包含线上投票和电子医疗等。拉脱维亚电信基础设施较好，平均网络速度多年来位居全球前10名。波罗的海三国中，立陶宛的数字基础设施发展相对慢一些。

（七）发展规划

波罗的海三国的社会经济发展在很大程度上依赖欧盟的资金支持，制定社会经济、重点产业发展规划时也多绑定欧盟援助，"量身定制"，再辅以本国配套资金。三国在经济发展规划中展现出一致性：为实现气候目标进行大量投资，推动波罗的海铁路建设，并在教育、连通性、可再生能源、改善边境管制和内部安全方面投入巨资。

三、浙江省与波罗的海三国的经贸合作现状

（一）浙江省与波罗的海三国的贸易合作

中国与波罗的海三国自1991年建交以来，先后签订双边经济贸易协定、投资保护协定等文件，为双边经贸关系发展奠定了良好基础。2013年"一带一路"倡议提出后，在波罗的海三国中首先受到拉脱维亚政府及社会各界的积极响应和广泛认同。2016年，拉脱维亚率先与中国政府签署"一带一路"合作谅解备忘录，在共建"一带一路"方面发挥了积极作用。2017年，爱沙尼亚、立陶宛也与中国政府签署了"一带一路"合作谅解备忘录。相关备忘录的签署为波罗的海三国与中国的合作提供了顶层设计和方向指引。表面上来看，波罗的海三国的经济体量较小，跟中国的合作规模并不大，但是这三国是欧洲地区贸易的重要集散地，是连接新亚欧大陆桥和海上丝绸之路的重要节点，每年都有大量往返于中欧之间的货物经由波罗的海三国运输，而中国在铁路、港口的基础设施建设和交通物流领域拥有成熟的经验和技术，与波罗的海三国供需对接，可以形成优势互补。在"一带一路"倡议的框架下，中国与波罗的海三国的务实合作成果丰硕，释放合作经济潜能，双边贸易和双向投资初见成效。

浙江省作为中国的主要经济大省，对外贸易在其经济发展中具有重要地位，而波罗的海三国的对外贸易也对各自国家的经济产生重要影响。总体来

看，浙江省与波罗的海三国的贸易往来呈现出良好的发展态势，浙江省对三国的进出口贸易顺差较大，双方在某些领域具有互补性，但仍存在进一步拓展合作的空间。

1.贸易流量

根据浙江省商务厅相关统计数据（表2），浙江省与波罗的海三国进出口贸易在2018—2023年波动较大，但一直保持着较大的贸易顺差（图1）。在浙江省与三国的贸易往来中，体量最大的是立陶宛，体量最小的是爱沙尼亚，拉脱维亚介于其间。2014年浙江省与爱沙尼亚、拉脱维亚两国的进出口贸易额处于最高位，2015年之后有所下降，但保持相对稳定。浙江省与立陶宛的贸易额波动最大，2015年之后稳步增长，2018年处于最高位，2019—2021年虽有下降，但幅度较小，2022年贸易额大幅下降，2023年双方贸易关系有所回暖。

表2　2018—2023年浙江省与波罗的海三国进出口贸易额（单位：万美元）①

年份	累计出口金额	累计进口金额	累计进出口金额
2018	109119.11	16072.81	125191.92
2019	95484.92	15488.09	110973.01
2020	88044.78	14324.41	102369.19
2021	97569.65	14515.53	112085.18
2022	75731.43	9587.67	85319.10
2023	81858.10	10329.76	92187.86

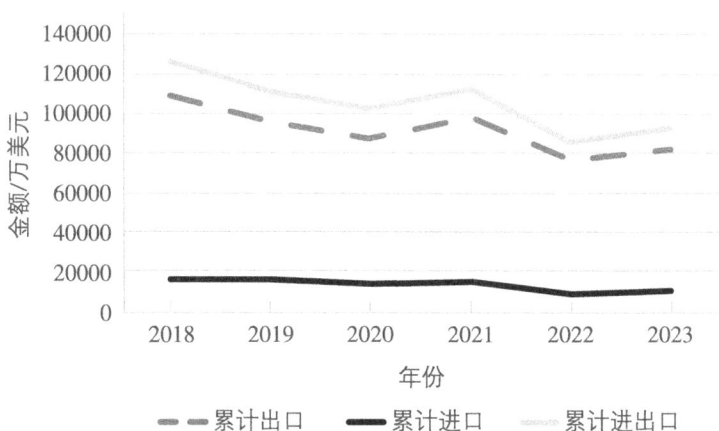

图1　2018—2023年浙江省与波罗的海三国的进出口贸易额变化情况

---

① 此表及图1的数据为笔者从浙江省商务厅调研、整理而得。

2.商品结构

浙江省对波罗的海三国的主要出口商品包括机械、电子设备、化工产品等。双方在某些领域具有互补性（表3），这为双方深化贸易合作提供了有利条件。

表3 浙江省与波罗的海三国的互补产业、竞争产业一览[①]

国别	互补产业	竞争产业
爱沙尼亚	服装及其他纤维制品产业、皮革毛皮羽绒产业、文教体育用品产业、电器机械及器材产业、仪器仪表及文化和办公用机械制造产业、塑料产业、黑色金属冶炼及压延加工产业、造纸及纸制品产业、食品加工产业、石油加工及炼焦产业、饮料产业	家具产业、金属制品业、木材加工及竹藤棕草产业
拉脱维亚	服装及其他纤维制品产业、皮革毛皮羽绒产业、文教体育用品产业、电器机械及器材产业、仪器仪表及文化和办公用机械制造产业、造纸及纸制品产业、食品加工产业、饮料产业	纺织业、家具产业、金属制品业、木材加工及竹藤棕草产业
立陶宛	电子及通信设备产业、皮革毛皮羽绒产业、文教体育用品产业、电器机械及器材产业、仪器仪表及文化和办公用机械制造产业、化学原料及化学制品产业、造纸及纸制品产业、石油加工及炼焦产业、饮料产业	纺织业、家具产业、金属制品业、木材加工及竹藤棕草产业

3.区域分布

宁波作为中国和中东欧产业对接、经贸合作的桥头堡，作为全国较早获批成立跨境电商综合试验区的城市，是浙江省与波罗的海三国经贸合作的重要窗口。

早在2011年，宁波与爱沙尼亚的塔尔图就建立了友好城市关系，双方交往甚为密切。[②]2014年，宁波与拉脱维亚的文茨皮尔斯缔结友好交流关系。宁波拥有全国覆盖最全、品类最丰富的中东欧商品贸易促进平台——中东欧国家特色商品常年展，2016年，拉脱维亚投资发展署宁波代表处和中东欧国家特色商品常年展拉脱维亚馆揭幕。2019年，宁波举办中东欧博览会。这场国家级的盛会，赋予了宁波"办好博览会、建好示范区"的国家使命，构筑起浙江省与包括波罗的海三国在内的中东欧国家经贸往来的"黄金甬道"。同年，在第九

---

① 在海关统计数据在线查询平台（http://stats.customs.gov.cn/）上搜集浙江省与波罗的海三国2021年主要工业部门的贸易数据，分析显性比较优势后经整理得出该表。

② 宁波与8000公里外的两座城市结好十周年，两位大使发来视频. (2021-12-03)[2023-07-20]. https://new.qq.com/rain/a/20211203A0AVTI00.html.

届中国-中东欧国家经贸论坛上，宁波和拉脱维亚投资发展署签署了《关于合作支持建设中国（宁波）-拉脱维亚跨境电子商务港湾的谅解备忘录》，以宁波-里加的跨境点对点合作，为双方企业提供物流仓储、推广宣传、口岸清关、金融等一站式服务。①

　　宁波 2020 年度进出口额冠军——中基宁波集团股份有限公司与中东欧的贸易往来日益密切，时不时有中国的园林设备、户外用品通过中基销往中东欧。中基与波罗的海三国最大的电商平台 Pigu 达成紧密的合作关系，让中国生产的商品销往这三国。2019 年 6 月，宁波中基天时供应链有限公司与拉脱维亚电子商务港湾有限公司在甬签约，通过中基的跨境电商平台，来自拉脱维亚和其他中东欧国家的特色产品得以更加便捷地进入中国市场，这是中国（宁波）-拉脱维亚跨境电子商务港湾建设框架下首个落地的合作项目。据宁波中基天时供应链有限公司总经理介绍，拉脱维亚公司可以在宁波中基 B2B 商城开店，线上采购中国的产品，使双方的贸易往来更加便利。②

宁波中基天时供应链有限公司与拉脱维亚　中国（宁波）-拉脱维亚跨境电子商务港湾启动仪式
电子商务港湾有限公司在甬签约　　（图片来源：宁波广电网）
（图片来源：中国宁波网）

（二）浙江省与波罗的海三国的投资合作

1. 投资规模

根据相关统计数据，浙江省在波罗的海三国的投资规模呈现出稳步增长的

① 拉脱维亚外长：中拉签署《关于合作支持建设中国（宁波）-拉脱维亚跨境电子商务港湾的谅解备忘录》. (2019-04-14)[2023-07-20]. http://lv.mofcom.gov.cn/article/jmxw/201904/20190402852425.shtml.
② 张昊. 首个合作项目签约　宁波-拉脱维亚跨境电商港湾"启航". (2019-06-08)[2023-07-20]. http://news.cnnb.com.cn/system/2019/06/08/030058152.shtml?utm_source=UfqiNews.

趋势。波罗的海三国在浙江省的投资规模相对较小，2013—2023年，三国在浙江省投资企业累计达20家，合同外资累计达2194万美元（表4）。其中，投资额最大的是爱沙尼亚，合同外资累计达1565万美元；投资企业数最多的是立陶宛，累计达9家。2023年，拉脱维亚有2家企业在浙江省投资，其他两国没有投资。[①]

表4　波罗的海三国在浙江省投资情况

国家	2013—2023年			2023年		
	企业/家	合同外资/万美元	实际使用外资/万美元	新增企业/家	合同外资/万美元	实际使用外资/万美元
爱沙尼亚	3	1565	123	0	0	0
拉脱维亚	8	111	79	2	21	0
立陶宛	9	518	74	0	0	0
合计	20	2194	276	2	21	0

2.行业分布

浙江省在波罗的海三国的投资主要包括能源、基础设施、制造业等领域，其中，能源和基础设施领域是浙江省在波罗的海三国投资的主要方向。波罗的海三国在浙江省的投资主要涉及信息技术、金融服务、物流运输等领域，其中，信息技术领域的投资占据主导地位。

3.风险因素

浙江省在波罗的海三国的投资面临着一些风险因素，包括政策环境、法律制度、文化差异等，这些风险因素可能会对浙江省的投资造成一定的影响。波罗的海三国在浙江省的投资也受到多种因素的影响，包括政策环境、市场潜力、人力资源等。

4.合作项目

在国内国际双循环的新发展格局下，宁波与中东欧国家尤其是与波罗的海三国互联互通，为全国乃至全球供应链的稳定架起了坚实的桥梁。宁波与波罗的海三国的重要合作渠道依托国家之间的贸易合作和重要载体，例如依托与波罗的海航空公司、里加国际机场物流中心、里加自由港工业园、欧洲铁路公司（拉脱维亚铁路局）波罗的海铁路联运物流中心的合作等。此外，波罗的海三

---

① 由浙江省商务厅提供的数据整理而得。

国在宁波也开展了一些重要的投资合作项目。立陶宛是世界领先的激光产业基地,在宁波中东欧创新基地的对接下,立陶宛的激光微加工项目Machine One在2021年与宁波舜宇集团达成共同研发新型车载器件的合作意向,将宁波作为落户中国的优选地。同时,在2021年的中国–中东欧国家产业合作对接会上,爱沙尼亚Mist Mesh边缘计算通信智慧路灯项目签约落户中国–中东欧国际产业合作园。[①]

（三）浙江省与波罗的海三国的跨境电商及物流合作

据拉脱维亚通讯社报道,阿里巴巴旗下的跨境零售电商平台速卖通成为拉脱维亚和立陶宛最流行的海外网购平台。从使用率看,速卖通超过亚马逊和易贝（eBay）,位列第一。

拉脱维亚最大的物流企业邮政（Latvijas Pasts）主导的一项拉脱维亚居民网购习惯调查也证明了这一点。调查结果显示,速卖通是拉脱维亚居民访问量最大的海外网购平台。在2018—2019年,83%的拉脱维亚人访问过速卖通,其中59%的人指出速卖通是他们最常网购的海外平台。[②]

速卖通亮相中东欧博览会

（图片来源: 中国日报网）

[①] 17个项目落户中国–中东欧国际产业合作园 总投资78.3亿元. (2021-06-09)[2023-07-20]. https://www.gov.cn/xinwen/2021-06/09/content_5616499.htm.

[②] 从北极圈火到波罗的海 中国速卖通受东北欧消费者青睐. (2020-07-27)[2023-07-20]. http://m.haiwainet.cn/middle/3541089/2020/0727/content_31843816_2.html.

从义乌始发的中欧班列中，有"义乌—里加""义乌—加里宁格勒—罗斯托克"两条线路途经波罗的海三国。浙江省与波罗的海三国的未来经贸合作必然会围绕中欧班列进一步加强。

四、存在的问题与对策建议

（一）风险与挑战

一是国际物流综合成本上升。由于国际局势变化等因素的影响，中国途经立陶宛的联运线路面临风险。自从2021年上半年开始，过境列车就不在立陶宛维尔纽斯停留，而是直接开往俄罗斯飞地加里宁格勒，因此，中欧班列的火车基本上无法从立陶宛开到加里宁格勒了。很多船运公司停止靠泊俄罗斯。海陆空物流堵塞和运输成本上涨，部分港口开始上调或加征"集装箱综合费率附加费""燃油附加费""港口滞期费"等，这使得浙江省经过上述地方的出口综合运输成本大幅上升。跨国物流公司不得不选择更长的中东航线作为替代，包括马士基航运、地中海航运在内的国际海运巨头甚至停止接受途经欧亚的货运订单，这进一步推高了运输成本。加里宁格勒已经成为"一带一路"的重要货运节点，连接了欧洲许多国家。这些变化已导致浙江省与波罗的海三国之间的贸易成本逐渐提高，也使得贸易合作愈加艰难。

二是产业链安全风险上升。国际局势变化对全球产业链的冲击或将波及中国，使得中国的全球产业链安全受到影响，浙江省的全球产业链安全也将受到影响，风险上升。

（二）对策与建议

要重视全球供应链安全性，推进海运数字化和绿色化。全球供应链布局从过去基于比较成本优势原则转向兼顾成本、效益和安全，成本效益最大化不再是决定全球产业分工格局最重要的因素，风险和安全作为新变量进入生产函数，成为影响企业全球供应链布局的重要考量。此外，要以数智赋能海运网络。近年来，浙江省海运积极推进"数字海运"和"海运大脑"建设，通过数字化手段持续推动企业高质量发展，优化升级船岸业务管理系统，深度融合数字化和绿色化建设，通过"智能手段＋技术改造"的方式提高碳排放监测管理的精准性，确保如期完成"双碳"目标任务。数字化手段的推动将提升海运业务管理系统的效率和精准度，这有助于提高中国与波罗的海三国之间的运输效率和信息交流速度，从而促进贸易合作。另外，通过技术改造和碳排放监测管理的精准性提升，浙江省海运可以更好地满足绿色发展要求，这与波罗的海三国对环保和可持续发展的共同关注相契合，有助于增进双方合作的共识和信任。

1.加深"一带一路"经贸合作，开拓丝路新格局

浙江省应加快打造"一带一路"重要枢纽，拓展共建"一带一路"国家市场，升级"'一带一路'浙商行"活动。更高效的物流通道将促进贸易往来，为浙江省与波罗的海三国企业提供更广阔的市场机遇。应深化国际产能合作，拓展与波罗的海三国产业链、供应链的合作，持续推进境外经贸合作区建设，加快构建境内境外园区链式合作体系。支持宁波舟山港加大共建"一带一路"国家航线开发力度，拓展海上丝绸之路网络。全力打造国际航空货运高地，使国际航空货运基本成网。加快发展多式联运，全面提升服务能力，提升浙江省与波罗的海三国之间的物流连接能力，为货物流通提供更多选择和灵活性。大力发展丝路电子商务，利用浙江的电子商务优势拓展波罗的海三国的消费市场，为浙江省与波罗的海地区的贸易带来新的增长点，通过电子商务平台，浙江企业可以更直接地接触波罗的海三国的消费者，拓展产品销售渠道。

2.调整产业链布局，增强供应链安全性与韧性

浙江省应在维护自身产业链安全的前提下，调整全球产业链布局，坚持推进"双循环"新发展格局。应加快产业链、供应链布局的调整，以降低产业链和供应链风险，增强产业链和供应链韧性，逐步实现短链化、本土化、分散化。一方面，可以依托内循环，推动供应链的本土化，引导企业完善保链稳链工程，充分发挥各领域各行业龙头企业的示范与聚集作用，从企业层面提高供应链稳定性，维护好自身优势产业链安全，以便浙江企业在波罗的海三国建立生产基地或合作伙伴关系，从而更有效地服务当地市场；另一方面，可以帮助企业拓宽多元化贸易渠道，出台相应的补助政策，鼓励自主创新和制造业自主可控，强链补链，加强浙江省供应链的安全保障，增加贸易额，推动多元化市场建设，降低浙江企业对单一市场的依赖性。通过调整全球产业链布局和保障产业链安全，稳定外贸和外资，应对输入性通货膨胀。因此，这些措施的实施有望促进浙江省与波罗的海三国之间的贸易合作，增强供应链的安全性和稳定性，为双方经济的持续发展提供良好的保障。

3.开辟新路线，不断创新中欧班列运行模式

2020 年以来，由于中欧班列货量的迅猛增加，加之口岸吞吐能力的不足以及疫情防控的需要，货物在口岸拥堵，需要中外合作，共同改造线路和口岸设备设施，这需要一定时间。建议中国往欧洲去程的班列避开拥堵线路，可以选择绥芬河口岸线路。从中国到欧洲的货物运输通常会经绥芬河口岸进入俄罗斯，最终抵达波罗的海三国。选择经绥芬河口岸前往波罗的海三国可以通过中国与俄罗斯之间的贸易协定和便利化措施，简化跨境贸易的清关手续，有助于加快货物通关速度，减少不必要的延误和成本。回程线路可选择途经挪威纳尔维克港的赫尔辛基—纳尔维克线路。要继续创新中欧班列运营模式，推动"数字口岸系统"上线运行，创新"三并二"集并运输模式，全面提高跨境运输各环节效率，降低货物运输风险。

浙江省与波罗的海三国教育合作报告

王 蓉

摘 要：21世纪以来，中国与波罗的海三国在教育领域的交流合作不断深化，同时在"一带一路"倡议和中国–中东欧国家合作机制的推动下，浙江省与波罗的海三国持续推进双方的教育合作。梳理近年浙江省与波罗的海三国的教育交流合作，可以发现合作项目数量不断增加、内容日益丰富、层次逐渐深化、方式更加多样，双方关系建设整体呈现出积极发展的良好态势。与此同时，浙江省与波罗的海三国在教育领域的交流合作仍然面临着一系列问题与挑战，浙江省应当制定长期发展战略规划，明确未来发展方向，推进对三国教育的研究，丰富合作形式与内容，推动双方教育合作的长久稳定发展。

关键词：浙江省；波罗的海三国；教育合作

作者简介：王蓉，教育学博士，杭州师范大学经亨颐教育学院讲师、环波罗的海国家研究中心研究员。

一、浙江省与波罗的海三国教育合作的背景与基础

随着"一带一路"倡议的提出，以及中国–中东欧国家合作机制的建立，中国与波罗的海三国在各领域的关系也日益密切。在这样的背景下，浙江省也积极推进与波罗的海三国在各个领域的交流合作，包括教育领域。

（一）浙江省与波罗的海三国教育合作的背景

中国与中东欧国家的教育合作不断深化。2012 年 4 月，中国－中东欧国家合作正式启动，致力于推动各方在经贸、文化、教育、科技等多领域的合作与交流。在教育领域，中国与中东欧各国在该框架下同样提出了许多重要举措，推动了各国间的教育与科技的交流与合作。具体而言，中国与中东欧国家的教育合作交流的举措主要包括：（1）设立奖学金，派出留学生和访问学者；（2）建设孔子学院和孔子课堂，邀请留学生来华研修汉语，培养双语人才；（3）举办中国－中东欧国家教育政策对话，2013—2023 年共举办八次会议，推动各国对教育问题的交流与讨论；（4）成立中国－中东欧国家高校联合会，2014—2023 年共召开七次会议，搭建各国高校间的合作平台，深化各国教育交流与合作；（5）加强学历学位与学分互认，共同开展教育能力建设项目，以及举办教育展等。与中东欧国家的教育合作交流，为中国各省（区、市）加深对波罗的海三国的了解以及寻找合作交流的机会奠定了重要基础。

中国与波罗的海三国的教育合作不断深化。近年来，中国与波罗的海三国不断拓展教育合作的广度，深化合作的层次。通过对近年中国与三国教育合作的相关政策与举措进行梳理，可以发现双方教育合作存在以下几种重要途径，具体包括：（1）合作双方政府通过派出教育代表团互访、设立留学奖学金、派遣留学生、开展教育展、举办教育说明会等方式，为双方教育交流合作奠定基础；（2）该地区成立了多所孔子学院，同时在中小学设立了教学点，积极开展汉语和中国文化相关课程的教学活动，扩大汉语与中国文化的影响力；（3）合作双方高校间开展交流合作项目，包括建立校际交流合作机制，鼓励高校学生线上或线下交流互动，开设国际暑期课程等；（4）以中国驻三国的大使馆为平台，开展各类交流活动，如进行高校访问、开设展览、举行座谈会和讲座等。

（二）浙江省与波罗的海三国教育合作的基础

1.浙江省与中东欧国家经贸合作不断深化

浙江省与中东欧国家在各领域尤其是经贸领域建立的交流合作关系，为双方在教育领域的交流合作提供了契机。相关合作以宁波市为代表。在"一带一路"倡议的引领下，宁波市积极推进与中东欧国家的交流合作。截至 2023 年，宁波市已经与中东欧 16 国的 16 座城市缔结友好城市关系，其中包括波罗的海三国中的爱沙尼亚塔尔图市、拉脱维亚文茨皮尔斯市和立陶宛阿利图斯市。2015年，宁波市举办首届中国–中东欧国家投资贸易博览会，同时配套举办首届中国–中东欧国家合作发展论坛、第二届中东欧国家特色产品展、首届中国–中东欧国家投资合作洽谈会等活动。之后，宁波市还陆续承办了中国–中东欧国家市长论坛、中国–中东欧国家质检合作对话会、中国–中东欧国家海关合作论坛等多个国际交流对话活动。同时，宁波市政府与中东欧各国政府官员之间的交流互访也更加频繁，增进了双方的了解和互信。国际交流平台的搭建与合作机制的建立，推动了浙江省与中东欧国家在各领域的交流合作。浙江省与波罗的海三国在经贸领域的合作交流，为双方更好地了解对方的教育制度提供了机会，也为双方寻求教育交流合作的机会提供了重要平台。

2.浙江省与中东欧国家教育合作取得显著成果

近年来，浙江省与中东欧国家的教育合作不断拓展，为浙江省与波罗的海三国的教育交流合作的持续发展奠定了重要基础。以宁波市为例，该市在2019年发布了《宁波市推进共建"一带一路"教育国际合作行动计划（2019—2022）》，提出实施五大工程，即"一带一路"教育合作拓展工程、高校国际化创新工程、职业教育国际化探索工程、中小学"千校结好"提升工程以及教师国际化卓越工程，全面提高宁波教育的对外开放水平和国际影响力。[1]2020年宁波市委、市政府发布的《关于高水平建设宁波中国–中东欧国家经贸合作示范区的总体方案》中，提出到2025年要基本建成中国–中东欧国家科技创新中心和人文交流中心，推动双向优质教育合作，打造双方教育合作高地。[2]宁波市通过多种方式，如举办中国（宁波）–中东欧国家教育合作交流会，成立浙江–中东欧国家教育智库联盟，设立中东欧国家优秀来华留学生专项奖学金，提供专项经费邀请中东欧学者来宁波授课讲学等，深化与中东欧国家各院校之间的教育交流合作，并且已经取得了显著成效。宁波市与中东欧国家的教育交流平台和机制，也为浙江省与波罗的海三国的教育交流提供了契机与可能。

① 樊莹.宁波教育成为"一带一路"教育建设高地.(2020-08-21)[2022-07-12].http://daily.cnnb.com.cn/xdjb/html/2020-08/21/content_1235409.htm?div=-1.
② 关于高水平建设宁波中国–中东欧国家经贸合作示范区总体方案.[2022-11-12].http://www.e-ceec.org.cn/cn/showArea/plan.

二、浙江省与波罗的海三国教育合作的现状

21世纪以来,浙江省与波罗的海三国在教育领域的交流合作不断加强,内容日益丰富,层次逐渐深化,方式更加多样,双方关系建设整体呈现出积极发展的良好态势。浙江省借助其所打造的中国-中东欧国家教育合作高地,充分发挥自身教育资源优势,积极推进与波罗的海三国的教育交流合作。

(一)高校间的交流合作

以宁波为例,该市的高校与波罗的海三国的高校主要通过中国(宁波)-中东欧国家教育合作交流会这个平台建立联系。2016年6月,中国-中东欧国家教育洽谈会暨教育展在宁波举行,在此期间共签署了18项教育合作协议,其中,宁波大学和浙江万里学院与拉脱维亚文茨皮尔斯应用科技大学①签署了合作备忘录。2017年11月,文茨皮尔斯应用科技大学校长卡里斯·科瑞斯林斯博士、拉脱维亚驻华大使馆参赞等一行4人,在宁波市教育局代表陪同下来到浙大宁波理工学院进行访问交流,并签订了合作协议。2018年9月,浙大宁波理工学院与爱沙尼亚塔林理工大学签署了合作备忘录,表明了双方深化教育交流合作的意向。

第八届中国(宁波)-中东欧国家教育合作交流会上的
宁波市来华留学生政府奖学金颁发仪式

(图片来源:澎湃新闻)

---

① 该校拉脱维亚语名称是Ventspils Augstskolas(VeA),即"文茨皮尔斯大学",而英文名称是Ventspils University of Applied Sciences(VUAS),即"文茨皮尔斯应用科技大学",是1997年成立的公立地方性大学。国内媒体报道有用"文茨皮尔斯学院""文茨皮尔斯大学""文茨皮尔斯应用科技大学"等译名,为同一所高校。

拉脱维亚代表团赴浙大宁波理工学院交流访问

（图片来源：浙大宁波理工学院）

有些高校通过专任教师之间的科研联系建立合作关系。如浙江农林大学与爱沙尼亚生命科学大学在植物生理学领域开展合作研究。2019 年 4 月，爱沙尼亚科学院院士、爱沙尼亚生命科学大学乌洛·尼内梅茨教授应邀到浙江农林大学国家重点实验室开展学术交流，并做了题为"植物挥发物如何改变世界"的专题讲座。浙江农林大学科研人员围绕植物生理学领域的热点问题及今后的发展方向等与尼内梅茨教授进行了深入交流，双方也探讨了下一步的科研合作计划，包括组建合作团队，定期开展学术交流，举办学术讲座等事宜。[①]

浙江高校成立了专业的研究机构加强对波罗的海三国的研究。2021 年 4 月25 日，教育部高校国别和区域研究备案中心环波罗的海国家研究中心在杭州师范大学正式揭牌。该中心为专门研究俄罗斯、乌克兰、波罗的海三国问题的专业研究机构和对外文化交流平台，旨在以高起点、国际化的视野，推动中国对环波罗的海国家的研究，促进中国与环波罗的海国家之间的交流与合作，加深互联互通，全力打造中国与环波罗的海国家合作交流的重要基地。中心成立至今，已与拉脱维亚陶格夫匹尔斯大学等高校开展教学研讨及学术交流与合作，于 2021 年和 2022 年召开了两届国别与区域研究高峰论坛，围绕国别与区域研究前沿问题、国别与区域研究学科建设、国别与区域研究咨政服务、国别与区

---

① 孙志鸿. 爱沙尼亚科学院院士 Ülo Niinemets 教授访问国家重点实验室. (2019-04-29)[2023-07-22]. https://www.zafu.edu.cn/info/1003/83571.htm.

域研究特色人才培养、发展国别与区域研究的经验交流、环波罗的海国家研究等热点问题展开深入研讨。[①]

教育部高校国别和区域研究备案中心环波罗的海国家研究中心
在杭州师范大学正式揭牌

（图片来源：杭州师范大学）

（二）基础教育阶段的交流合作

在基础教育阶段，浙江省与波罗的海三国的教育合作同样不断增加，并且在形式上更加丰富。2016年6月，在第三届中国（宁波）–中东欧国家教育合作交流会期间，宁波市第四中学与爱沙尼亚塔尔图市扬·波斯卡高级中学签署了教育合作协议，此次签约也成为该次会议签署的18项教育合作协议中唯一一个高中段项目。宁波市第四中学是浙江省一级特色示范高中，学校一直积极开展国际教育交流活动，自2000年以来相继与多个国家和地区开展教育交流与合作。2015年，学校与爱沙尼亚的扬·波斯卡高级中学结为国际姐妹学校。扬·波斯卡高级中学是塔尔图市最大的公立学校之一，学校开设了日语、法语、汉语等多种外语课程，并且希望加强与中国相关学校的合作，以加强汉语及亚洲文化教学实力。对于两校合作协议的签署，宁波市第四中学校长表示，双方将在新的发展阶段共同谋划，推进教育合作，在合作机制、合作模式、合作潜力等方面携手并进，实现共赢。[②]

---

① 详见该中心网站：https://baltic.hznu.edu.cn.
② 宁波市第四中学. 我校与爱沙尼亚学校缔结为国际姐妹学校. [2022-07-02]. http://bfzx.nbsedu.com/index.php?r=space/school/theme/content/view&sid=3433000311&id=803587.

此外，宁波市鄞州区首南第一小学在 2014 年与爱沙尼亚萨乌体育学校缔结为国际姐妹学校。首南第一小学自 2011 年将五子棋列入校本课程，此后一直致力于开展五子棋课程、举办五子棋赛事。2014 年 10 月，国际连珠联盟秘书长、世界冠军教练安茨·索索夫先生与萨乌体育学校的教师来到首南第一小学进行交流指导。正是这次交流促成了两校缔结为姐妹学校，之后两校共同探讨课程教学，爱沙尼亚每年都有顶尖的五子棋教练来首南第一小学送教。[①] 同样以棋会友的还有鄞州区五乡镇中心小学。该校自 2015 年起将五子棋作为学校的精品拓展课程。安茨·索索夫先生专程先后多次来学校指导，帮助教师开展教学工作。[②]

首南第一小学与爱沙尼亚萨乌体育学校缔结国际姐妹学校签约仪式

（图片来源：首南第一小学）

（三）政府相关部门主办的教育交流合作

浙江省政府同样积极推动与波罗的海三国的教育交流与合作。政府主办的活动主要有两种类型：一种是专门以教育为主题的交流活动；另一种是将教育和贸易、商业、文化等主题相结合举办的综合类活动，且此类活动在数量上占据优势。这一情况一方面表明了浙江省与波罗的海三国的政府间教育合作交流

① 鄞州一学校诞生两个世界冠军！. (2016-08-17)[2022-07-02]. https://www.sohu.com/a/110963393_395015.
② 五乡镇中心小学被授予"全国五子棋特色学校"称号. (2018-09-25)[2022-07-02]. http://www.nbyz.gov.cn/art/2018/9/25/art_1229107892_50396467.html.

仍然有较大的发展空间，另一方面也说明了教育合作与双方商业贸易之间存在紧密联系，教育合作交流应当为促进双方经济合作提供人才和基础。

一方面，政府相关部门以教育为专门主题举办与波罗的海三国的教育交流合作活动。2015年，第二届中国（宁波）-中东欧国家教育合作交流会在宁波举行，会议主题为"共建丝绸之路、扩大教育合作"，来自爱沙尼亚等8个中东欧国家的政府、驻华使领馆、教育行政部门等以及国内政府、院校代表250人应邀参会，签署了15项教育合作协议。此外，爱沙尼亚塔尔图大学、宁波大学、浙江大学等学校的校长和相关教育部门负责人也发表了演讲，表达了对加强教育合作的意愿。①2016年，为加快浙江教育"引进来"和"走出去"的步伐，推动全省教育机构拓展国际市场，提高教育服务的国际竞争力和合作能力，省商务厅、省教育厅首次联手全省30所高校，于2月18—19日在格鲁吉亚首都第比利斯举办中国（浙江）国际教育服务洽谈会，立陶宛农业大学等多所大学表达了与浙江高校的合作意向。该洽谈会为有意留学中国的学生架起了面对面了解中国、了解浙江的沟通平台，对于扩大中国教育、浙江教育在国外，包括在波罗的海三国的知名度和影响力，起到了促进和推动作用。②

另一方面，政府相关部门还举办了教育、经贸、商业和文化等主题相结合的交流活动，教育作为活动的主题之一，为各领域的未来合作交流提供了渠道、基础和人才储备。例如，2018年6月5日，由中华全国青年联合会主办，宁波市政府、浙江省青年联合会承办的"未来之桥"中国-中东欧青年研修交流营在宁波举办，活动囊括了创新创业、文化创意、投资贸易和青年交流等多个主题。③之后在2019年，第三届"未来之桥"中国-中东欧青年研修交流营在义乌启幕，来自爱沙尼亚、拉脱维亚、立陶宛等中东欧17国共200多名青年代表和专家学者参加。青年代表就推动双方在经贸、教育、体育、科技创新、人文交流等多领域的合作，进行了全方位、多层次的交流对话。④

① 陈敏. 中国宁波-中东欧国家教育合作交流活动开幕. (2015-06-11)[2022-07-08]. http://swj.ningbo.gov.cn/art/2015/6/11/art_1229031554_47427120.html.
② 中国（浙江）国际教育服务洽谈会在格鲁吉亚第比利斯顺利举办. (2016-02-23)[2022-07-08]. http://zcom.zj.gov.cn/art/2016/2/23/art_1384591_13689609.html.
③ 中国-中东欧青年研修交流营走进北仑. (2018-06-11)[2022-07-08]. http://www.bl.gov.cn/art/2018/6/11/art_1229052764_46904883.html.
④ 王小亮. "一带一路"青年创客国际论坛在义乌举行. (2019-07-08)[2022-07-08]. https://rmh.pdnews.cn/Pc/ArtInfoApi/article?id=5401158.

三、浙江省与波罗的海三国教育合作的未来展望

通过对浙江省与波罗的海三国在近年开展的教育交流与合作的进展及成果进行梳理，可以发现双方在教育领域的合作取得的实质成果仍然有限，这也显示出双方在教育合作方面存在着问题与挑战。

（一）问题与挑战

首先，浙江省与波罗的海三国在教育领域的合作开始的时间较晚。浙江省与三国的教育交流主要发生在 2010 年之后，尤其是在 2012 年中国–中东欧国家合作机制建立、2013 年"一带一路"倡议提出后，双方的教育交流才变得频繁起来。

其次，浙江省与波罗的海三国教育合作的层次较低，缺乏实质成果。尽管双方通过政府官员互访、学校洽谈、交流对话等方式增进了联系，但缺乏后续的实质性推进，教育合作项目仍然以短期、小规模项目为主，且合作项目缺乏深度，没有形成长期、稳定、深入的合作关系，加上新冠疫情的影响，双方的合作缺乏实质性成果。相较于与其他共建"一带一路"国家和中东欧国家的教育合作，浙江省与波罗的海三国的交流合作在数量和质量上都较为有限。这与波罗的海三国自身的国情和政策有关，同时也在一定程度上表明浙江省对这三个国家的教育发展的了解仍然有限。

（二）对策与建议

尽管与波罗的海三国在教育合作领域存在以上问题，浙江省仍然可以从以下几个方面着手，进一步推进与波罗的海三国在教育领域的交流合作。

1.制定教育合作长期战略，明确教育合作的目标与价值

政府相关部门应当制定浙江省与波罗的海三国教育合作的中长期发展规划，明确基本指导思想与方针政策，为双方教育合作交流提供战略指导。政府应当确定浙江省与波罗的海三国在教育合作领域的发展目标，明确重点发展领域与优先事项，制定不同时期的子目标、发展方向与主要举措，为推进双方教育合作提供明确的指导。浙江省与波罗的海三国在教育领域的交流合作，应当服务于浙江省整体发展战略，为加强双方经贸合作提供重要助推力。浙江省可以通过开展中外合作办学，建设教育合作平台，培养专门语言人才，打造国际

人才集聚区等多种方式，提升当前整体教育合作水平，同时也为未来的教育合作储备人才和资源。例如，2019年启动的中国（宁波）拉脱维亚跨境电子商务港湾，提出将发展电子商务作为深化中拉两国经贸合作的推手。浙江高校可以开设相关专业和课程，培养精通拉脱维亚语言和电子商务的综合性人才，为两国经贸合作提供人才支撑。此外，教育应当与经贸、人文等其他领域建立密切联系，实现各领域的相互促进和整体发展。例如，宁波市以中东欧博览会为平台与波罗的海三国高校、当地教育部门和专家学者之间建立了相互联系的通道，之后通过开展学术讲座、师生访问、互派留学生等多种形式，逐步建立了更加广泛和稳定的教育交流机制。同时，人文和旅游等领域的合作，又能够增进民众对他国历史文化的了解，为将来的教育合作奠定基础。

2.大力推动波罗的海三国研究，掌握三国教育制度与政策的发展动态

浙江省应当增进对波罗的海三国教育的研究，把握教育发展最新动向。应当在相关高校设立专门的波罗的海三国研究中心，由教育、语言、政治、经济等各领域专家学者共同参与，对三国的教育进行全面、深入的研究。一方面，应当加强对三国的现行教育制度与结构、教育政策与法律法规、教育质量与成果等方面的研究，并对教育发展与改革的最新政策与动向进行定期的整理，把握三国国内教育的发展情况。另一方面，应当进一步研究三国的对外教育政策，关注三国与世界主要国家的教育国际交流和合作情况。波罗的海三国与欧盟在政治、经济、环境、教育等各个方面都有密切联系，例如：2009年推出的《欧盟波罗的海地区战略》在2021年修订的最新行动计划中，对双方在教育领域的合作发展提出了一系列政策建议；波罗的海三国参与的经合组织教育项目包括国际学生评估项目测试、教与学国际调查等。显然，欧盟的教育理念与政策对波罗的海三国有重要影响，因此通过研究欧盟与波罗的海三国的教育关系，可以更好地把握三国教育的发展方向，也能为浙江省与波罗的海三国开展教育合作交流提供指导。

3.提高教育交流合作的层次水平，丰富教育合作的形式

浙江省应当进一步丰富与波罗的海三国教育交流合作的形式，增加教育经费投入和支持，提高教育合作的层次和水平。一方面，应当根据双方的优势教育资源，有针对性地开展教育交流合作，增强对对方的吸引力。浙江省拥有丰富的各级各类教育资源，高等教育机构在当前的"双一流"建设中更是表现突出，而波罗的海三国在高等教育领域同样都拥有各自的优势专业。因此，浙江

省可以通过教育交流会、推介会等多种方式增进双方对彼此高校的了解，增进双方进行教育交流与合作的意愿和倾向。同时，这种方式也可以增进双方高校学生对彼此教育资源和优势的了解，增强学生的留学意愿。另一方面，针对当前双方经贸和商业合作过程中的紧缺专业和人才，应当探索更灵活、多样的教育合作形式。例如，政府可以面向不同层次和需求的学生设立专门、专项奖学金；开展教育交流活动，邀请在波罗的海三国和中国留学的学生与本国学生进行经验交流分享；设立专项资金鼓励学者参加波罗的海三国的学术交流活动，或由学校设立专项资金邀请波罗的海三国的专家学者开设讲座或参与学术活动，增进双方的了解和联系等。

4.增加双方不同层次教育机构的接触，推动教育交流稳定化和长期化

浙江省拥有丰富的教育资源，各级各类学校可以立足自身教育资源优势，寻求与波罗的海三国进行教育交流合作的机会。当前，浙江省与波罗的海三国在教育领域的交流合作在很大程度上依赖于政府机构或由其搭建的官方平台和渠道，而双方高校之间或教育研究者之间的联系则相对较弱。在今后的发展中，浙江省应当进一步拓展各级各类学校与波罗的海三国教育机构的合作渠道，尤其是增进双方高等教育机构之间的关系和交流。浙江省高校可以通过线上或线下的学术会议、学术讲座、访学等多种方式，建立与波罗的海三国高校、教育部门以及教育研究者和实践者之间更紧密的联系。例如，宁波市政府搭建了中国（宁波）–中东欧国家教育合作交流会这一官方平台，各高校要充分利用该渠道，与参加会议的波罗的海三国教育机构、行政部门工作者以及学者等建立直接联系，从而寻求进一步合作的机会。通过这种方式，浙江省与波罗的海三国可以建立更加多元化的、稳定的教育合作交流渠道。

四、典型案例：浙江万里学院与波罗的海三国的教育合作

浙江万里学院位于宁波市，该校始终注重对外交流与合作，营造了浓厚的国际化氛围。学校与30多个国家的80余所高校建立了校际合作关系，开展交换生、海外学习、2+2双学位等多类型的学生国际交流学习项目。[①]在宁波市与中东欧国家的教育交流合作中，浙江万里学院积极发挥学校办学优势，积极推进与包括波罗的海三国在内的中东欧国家高校的关系建设。近年来，浙江万里

---

① 浙江万里学院.学校简介.[2022-11-02]. https://www.zwu.edu.cn/xxjj/list.htm.

学院不仅与中东欧 11 个国家的 16 所高校建立了合作关系，而且根据学生学科背景和职业发展需求，开设了"一带一路"语言学院、"一带一路"人才培养创新平台等多个国际合作教育平台，培养国际化人才。①

浙江万里学院积极参与宁波市建设"一带一路"教育国际合作行动的相关工作，在此基础上加强与波罗的海三国的教育交流与合作。2015 年，宁波海上丝绸之路研究院（北京外国语大学丝绸之路研究院宁波分院）由浙江万里学院和北京外国语大学在中国－中东欧国家投资贸易博览会上正式揭牌成立。翌年，在宁波市委市政府主导下，依托宁波海上丝绸之路研究院，浙江万里学院又联合中国社会科学院欧洲所、浙江大学中国西部发展研究院共建宁波中东欧国家合作研究院，这也推动了浙江万里学院与波罗的海三国的交流。

2016 年 6 月，浙江万里学院国际交流合作部参与了第三届中国（宁波）－中东欧国家教育合作交流会的筹备工作。借助交流会这一平台，浙江万里学院与拉脱维亚文茨皮尔斯应用科技大学签署了教育合作协议，推动了双方在学术交流、互派留学生等领域的教育合作。2016 年 11 月，宁波海上丝绸之路研究院院长闫国庆教授参加了在拉脱维亚里加举行的第五次中国－中东欧国家领导人会晤活动的智库会议。2017 年，浙江万里学院又通过本校的国际资源邀请了包括立陶宛在内的四个中东欧国家代表，参与了第四届中国（宁波）－中东欧国家教育合作交流会。在会议开幕式上，浙江万里学院与立陶宛维陶塔斯·马格纳斯大学签署了合作协议，并在会后与该校代表就今后的教育合作项目进行了商谈。②

2018 年 5 月，由浙江万里学院、拉脱维亚国际事务研究所、宁波海上丝绸之路研究院联合主办，宁波"一带一路"经贸合作协同创新中心、宁波市"一带一路"社科研究基地、宁波发展战略研究会联合协办的 2018 中国－拉脱维亚地方合作智库论坛在浙江万里学院举办，拉脱维亚驻华大使和参赞、宁波市外办副主任等来自政府、高校和企业的各方代表参与了此次活动。论坛以"新开放、新合作、新高度"为主题。会上，与会专家学者就"拉脱维亚独立 100 周年与中国改革开放 40 周年：中拉关系的历史与未来""中拉互联互通领域合作

① 浙江万里学院国际事务处. 概况. [2022-11-02]. https://gjjl.zwu.edu.cn/913/list.htm.
② 浙江万里学院国际事务处. 助力国家战略 牵手万里丝路——我校与中东欧国家高校合作再上新高. (2017-06-13)[2022-11-02]. https://gjjl.zwu.edu.cn/88/b6/c914a100534/page.htm.

新空间、新途径"等议题进行了深入研讨。^①在该次活动中，宁波海上丝绸之路研究院与拉脱维亚国际事务研究所正式签订了战略合作协议，拉脱维亚研究中心正式成立。该中心的成立将深化浙江省与拉脱维亚的相互了解，进一步推动双方深化学术合作，推动各领域的新发展与合作。此外，浙江万里学院以宁波市与中东欧国家建立的各类经贸、文化与教育机制和平台为基础，不断拓宽和深化与波罗的海三国高校和教育部门之间的合作关系。

2018 中国–拉脱维亚地方合作智库论坛

（图片来源：浙江万里学院教育基金会）

浙江万里学院还积极举办或承担与波罗的海三国相关的各类经贸、文化交流活动。尽管此类活动并不完全以教育为主题，但是能够增进双方对教育制度的相互了解，为后续的教育合作奠定基础，同时能够充分发挥高校的专业知识和人才优势，为推进双方合作提供智力支持。2018 年 11 月，"16+1 中小企业合作官员研修班"开班仪式在浙江万里学院举行。研修班由商务部指导，宁波市人民政府主办，宁波市商务委员会承办，宁波海上丝绸之路研究院具体执行。此次研修班共有来自爱沙尼亚等国的 24 名经贸官员参加，研修课程重点围绕"16+1 中小企业合作"主题，邀请国内知名专家学者及部门领导、企业家为学员开展关于中国文化与改革开放、中小企业发展等主题的讲座、考察实践、体验教学及交流互动。2019 年 6 月，宁波海上丝绸之路研究院与宁波职业技术学院、宁波市商务局等联合开办了"2019 拉脱维亚贸易与促进研修班"，

---

① 浙江万里学院教育基金会. 为"中国（宁波）–中东欧博览会"召开奏响"序曲"：中拉智库助力"16+1"合作. (2018-06-04)[2022-11-07]. https://jjh.zwu.edu.cn/a2/95/c3479a107157/page.htm.

来自拉脱维亚工商企业界的 23 名代表参与。研修班学员通过讲座增进了对中国经贸和中东欧博览会系列活动的了解，参观了宁波诺丁汉大学校园，并在宁波、上海、北京等多地参与课程学习、企业参观和市场考察活动。此次活动不仅增进了拉脱维亚工商界对浙江省尤其是宁波市的了解，也为之后的双方合作奠定了基础。①

"2019 拉脱维亚贸易与促进研修班"在宁波开班

（图片来源：宁波海上丝绸之路研究院）

总的来说，浙江万里学院作为地处宁波市的高校，充分利用浙江省与宁波市所搭建的政治、经贸、文化和教育领域的各类平台，结合学校自身特色和优势，抓准时机不断拓宽和深化与波罗的海三国之间的教育交流与合作，取得了显著成果。然而，我们还应当看到浙江万里学院与波罗的海三国之间的教育合作依然存在问题，在教育交流合作形式多样性、合作关系持久稳定性、合作成果丰富性等诸多方面依然面临着挑战。

① 宁波海上丝绸之路研究院. 2019拉脱维亚贸易与促进研修班在宁波开班. (2019-06-13)[2022-11-07]. http://www.nbmsri.org.cn/5d/01/c6870a154881/page.htm.

浙江省与波罗的海三国文化合作报告

赵 丹

摘 要： 波罗的海三国人民能歌善舞、多才多艺，他们在音乐、舞蹈、戏剧、绘画、设计等方面都有着很高的造诣。在中国－中东欧国家合作机制下，浙江省和波罗的海三国加强人员往来，注重交流共享，多种合作形式不断涌现。在文化方面，浙江省与波罗的海三国有着诸多相通之处，近年来在机制与平台建设、旅游、人文艺术交流合作方面取得了显著的成果，但也面临着诸多问题与挑战，需要双方加强政策沟通、开放思想、创新思维、多措并举，以实现更高层次的互利共赢。

关键词： 浙江省；波罗的海三国；文化合作；旅游；人文艺术

作者简介： 赵丹，文学博士，杭州师范大学外国语学院副教授、环波罗的海国家研究中心研究员。

自 1991 年中国先后与爱沙尼亚、拉脱维亚、立陶宛建交以来，中国与波罗的海三国之间一直保持着良好的发展势头，在交通、文化、卫生、旅游和地方交流等领域开展了务实合作。2013 年，"一带一路"倡议提出；2017 年，党的十九大报告指出需"加强中外人文交流，以我为主、兼收并蓄"，教育部成立了中外人文交流中心；2017 年，中央全面深化改革领导小组会议审议通过《关于加强和改进中外人文交流工作的若干意见》；2018 年，国务院专门召开中外人文交流工作座谈会；2021 年，中国同 17 个中东欧国家（包括波罗的海三国）于线上共同举办领导人峰会。在中国－中东欧国家合作机制下，浙江省与波罗的海三国的人文交流也逐渐走上正轨。

在文化方面，波罗的海三国与中国有诸多相通之处，需要深入挖掘。波罗的海三国居住着许多能歌善舞、多才多艺的民族，他们在音乐、舞蹈、戏剧、绘画、设计等方面都有很高的造诣。在中国－中东欧国家合作机制下，中国和波罗的海三国加强人员往来、注重交流共享，推动文化部长合作论坛、文化遗产论坛、文学论坛、文化艺术嘉年华、剧院联盟、电影节联盟等合作形式不断走深走实，多领域、深层次、全方位的人文交流合作蓬勃开展。

一、浙江省与波罗的海三国的人文交流成就与现状

作为全国领先的开放型经济发达省份，浙江省一直走在对外开放和交流的前沿，也是中国和波罗的海三国文化交流的重要组成部分。浙江省与波罗的海三国之间的人文交流始于 2005 年举办的首届中国长三角与欧洲波罗的海地区合作发展论坛，该论坛到 2010 年持续举办了六届，对推进长三角、波罗的海两大区域各领域的交流合作起到了积极作用。2012 年，随着中国－中东欧国家合作机制的启动，浙江省政府开始积极推动与中东欧国家的合作与交流，其中包括波罗的海三国，双方开展了一系列高级别会议与文化交流活动，人文方面的交流则主要集中在 2017 年前后。2017 年以来，浙江省与波罗的海三国在旅游、艺术、文学等人文交流方面取得了可喜的成果。

（一）机制与平台建设

在"一带一路"倡议的指导下，浙江省与波罗的海三国的人文交流有多个层面平台和机制的支撑，包括政府之间的互访交流、举办高级别会议、举办文化展会等。在这些平台和机制的推动下，双方的合作与交流得到了进一步的发展。浙江省与波罗的海三国在政府层面开展了互访交流，促进了经济文化发展。浙江省与波罗的海三国之间的人文交流主要是借助了中国－中东欧国家合作机制。波罗的海三国参与了多次高层论坛，如中国－中东欧国家文化合作部长论坛、中国－中东欧国家非物质文化遗产保护专家级论坛、中国－中东欧国家文学论坛、中国－中东欧国家图书馆联盟馆长论坛和中国－中东欧国家市长论坛等。这些论坛也促进了浙江省与波罗的海三国之间的文化交流、非物质文化遗产保护、文学交流、图书馆合作与城市对话，推动了双方的交流与合作。

1.政府之间的互访交流

宁波市于 2011 年与爱沙尼亚塔尔图市缔结友好城市关系，于 2014 年与立陶宛阿利图斯市及拉脱维亚文茨皮尔斯市缔结友好城市关系，并展开政府部门之间的互访交流，进一步促进了浙江省与波罗的海地区的经济文化发展。

2.举办高级别会议

浙江省与波罗的海三国之间的合作论坛主要在中国–中东欧国家合作机制内开展，在促进双方关系中发挥了非常重要的作用，如中国–中东欧国家文化合作部长论坛、中国–中东欧国家非物质文化遗产保护专家级论坛、中国–中东欧国家文学论坛、中国–中东欧国家图书馆联盟馆长论坛、中国–中东欧国家市长论坛等。这些论坛大部分集中在宁波和杭州举办，极大地促进了浙江省与波罗的海三国之间的交流。

1）中国–中东欧国家文化合作部长论坛

中国–中东欧国家文化合作部长论坛是中国与中东欧国家之间级别最高、分量最重的多边文化活动，也是设计、统筹和主导中国–中东欧国家文化合作的最重要的平台。论坛中签署的各个文件都极大地促进了文化交流方面的发展。中国–中东欧国家文化合作部长论坛每两年举办一次，其中，2017 年 9 月的第三届论坛在杭州举办，会上一致通过了《中国–中东欧国家文化合作杭州宣言》及《中国–中东欧国家 2018—2019 年文化合作计划》，还共同签署了《中华人民共和国文化部和中东欧国家文化主管部门关于在马其顿共和国设立中国–中东欧国家文化合作协调中心的谅解备忘录》。论坛上，包括波罗的海三国在内的 17 国代表团围绕该届论坛主题"文化·交流·合作·共享"做了发言。立陶宛文化部部长丽安娜·鲁奥基特–约松出席了此次论坛。

第三届中国–中东欧国家文化合作部长论坛在杭州举行

（图片来源：中国新闻网）

第三届中国-中东欧国家文化合作部长论坛的嘉宾参观中国丝绸博物馆

（图片来源：中国文化网）

2）中国-中东欧国家非物质文化遗产保护专家级论坛

首届中国-中东欧国家非物质文化遗产保护专家级论坛于 2016 年 10 月 12 日在波兰举办，来自中国和波罗的海三国等 15 个中东欧国家的专家学者出席。该论坛不仅开启了中国-中东欧国家的非遗保护交流与合作机制，还建立了中国-中东欧国家之间非遗保护的国际研究和学术交流平台，推动了非遗保护领域专家的国际合作。第二届论坛以"大匠至心·手创造的文化记忆"为主题，于 2018 年 9 月 18 日在杭州举办，50 多位专家和工艺家代表出席此次论坛，其中包含波罗的海三国的专家，如爱沙尼亚专家阿维·玛特辛以塔尔图大学的维尔扬迪文化学院为例，进行了经验分享，介绍了如何在大学层面进行工艺研究和非物质文化遗产保护。专家代表就非物质文化遗产可持续发展所面临的问题进行思想碰撞，不仅有利于各国非物质文化遗产保护工作的推进，也将使人类社会文化命脉得以延续。

3）中国-中东欧国家文学论坛

中东欧文学曾深刻地影响过中国文学，尤其是在现当代，承载民族精神的中东欧文学曾唤起中国人的爱国主义情怀和对自身历史文化的认识。近年来，在中国举办的各种文学节、诗歌节、国际写作计划中，频繁出现了波罗的海三国作家的身影，国内翻译出版的这三国作品以诗歌、小说、童话故事、民间故事为主，如爱沙尼亚作家梅希斯·海因萨尔的小说《白痴的生活》、立陶宛作家卡斯特提斯·卡斯帕维舍斯的童话故事《会下蛋的汽车》等。但总体而言，中国和波罗的海三国的作家对对方的文学与文化了解不多，双向译介有待加强。

2016 年 5 月 22—27 日，以中国作家协会书记处书记、著名评论家吴义勤为团长的中国作家代表团一行 5 人出席了在匈牙利举办的第一届中国–中东欧国家文学论坛。来自中国和波罗的海三国等 16 个中东欧国家的知名作家及相关部门负责人出席了会议。2018 年 9 月 17—20 日，第二届中国–中东欧国家文学论坛在浙江省宁波市举行。来自 15 个国家的 25 位中东欧作家和 20 多位中国作家应邀出席该届文学论坛，波罗的海三国也均有作家参加论坛，他们的作品也入藏天一阁。论坛期间，与会各国作家围绕"文化传统与文学创作"这一议题进行了分组讨论，交流创作经验和体会，并通过了《第二届中国–中东欧国家文学论坛宁波倡议》，立陶宛作家奥丁加·佩勒芮提特–提奎斯尼还做了主旨报告。

4）中国–中东欧国家图书馆联盟馆长论坛

2017 年 9 月 22 日，《中国–中东欧国家图书馆联盟倡议书》发布仪式在杭州图书馆举行，标志着"中国–中东欧国家图书馆联盟"项目正式启动。波罗的海三国的代表也参与了该仪式。自 2018 年 10 月中国–中东欧国家图书馆联盟成立并举办首届馆长论坛以来，包括波罗的海三国图书馆在内的联盟各成员馆凝聚共识，形成合力，开展了数据共享、文献互换、人员培训等多项务实合作，增进了彼此间的了解与友谊，推动中国与中东欧国家在图书馆领域的交流与合作迈上新的台阶。

5）中国–中东欧国家市长论坛

中国–中东欧国家市长论坛（首届论坛名为"中国–中东欧市长论坛"）是中国–中东欧国家合作机制下的三大地方合作平台之一，自 2017 年起，由中国人民对外友好协会和宁波市人民政府联合主办。2018 年，立陶宛阿利图斯市等10 余个中东欧国家城市的市长或代表出席了论坛。该论坛旨在推进中国与中东欧国家的城市对话与民间交流，以加深相互了解、增进人民友谊、促进务实合作。

3. 文化展会

浙江省积极响应"一带一路"倡议，着力搭建全球文化产业交流合作平台，中国（义乌）文化产品交易会、杭州文化创意产业博览会、温州国际时尚文化创意产业博览会三足鼎立，成为浙江省最具影响力的三大文博会。从 2017 年开始，波罗的海三国相关产业的国际市场在三大文博会的平台上实现了全面对接，发挥了文博会展示、交易的平台功能。

从相关统计数据来看，三大文博会"以商带展、以展促商"，国际化程度不断提升，不仅促进了中外文化交流，而且有力推动了中华文化"走出去"。通过文博会平台可以找到资金、信息、人才等合作的要素，文化产品可以在文博会平台实现内销和外销，采购商、投资商、合作商也愿意通过文博会平台寻找优质的文化项目和产品。波罗的海三国参与了 2017 年和 2018 年的杭州文化创意产业博览会。其中，2017 年该博览会上的中东欧艺术交流展以"回溯与当代"为主题，是在第三届中国-中东欧国家文化合作部长论坛期间举办的；2018 年该博览会的国家特色展区上，还设立了立陶宛的琥珀展。2018 年的中国（义乌）文化产品交易会设立了"一带一路"板块，其中包括拉脱维亚展区。2021 年，立陶宛的艾珀蒂克琥珀公司的作品《慕尚珀》首次在温州国际时尚文化创意产业博览会上亮相。新冠疫情防控期间，浙江省积极采取应变之举、化危为机，通过提供云展示、云推广和云洽谈等数字化服务，全方位多维度展示产品，让波罗的海三国采购方能够更加直观了解到展品及相关信息，促进供需双方实现成交。

（二）旅游交流合作

浙江省与波罗的海三国在旅游方面的交流较为频繁，不仅带动了双方的经济发展，还增进了人与人之间的交流沟通。旅游和展会的结合是一种新型的交流推广模式，通过展览会，可以高效率、高质量地传播和交流信息。

1. 中东欧博览会和中国国际旅游商品博览会

浙江省与波罗的海三国主要是通过中东欧博览会、中国国际旅游商品博览会（简称旅博会）进行旅游投资、交流和合作的。

2015 年中国（宁波）-中东欧国家旅游合作交流会迎来了来自中东欧 11 个国家和国内长三角旅行商代表等 600 余人参会，宁波市与拉脱维亚签署了旅游框架协议。此后，浙江省和波罗的海三国也通过定期的旅游合作交流会和旅博会，促进了双方在旅游业方面的投资和合作。

2. 旅游推介活动

从旅游投资数据来看，浙江省与波罗的海三国的合作集中在 2017 年和 2018 年。2017 年的中国-中东欧旅游周包括中国（宁波）-中东欧国家旅游合作交流会、中国（宁波）-中东欧国家旅游市场合作专题对洽会、"百团千人游中东欧"活动等六项主题活动，拉脱维亚和立陶宛还做了专场推介会。拉脱维亚驻北京投资发展署署长英格斯·罗森布拉茨还出席了2018年的中国（宁波）–中东欧国家旅游合作交流会。这些活动有效促进了浙江省与波罗的海三国的旅游合作与交流。

（三）人文艺术交流

浙江省与波罗的海三国的人文艺术交流主要形式为艺术展、艺术周、音乐节和戏剧节。波罗的海三国文化艺术底蕴深厚，特殊的地理位置和历史进程也造就了这一地区绚丽多彩、各具特色的艺术气象。

2005年10月，应爱沙尼亚古乐节组委会邀请，浙江歌舞剧院彩蝶乐坊民乐团对爱沙尼亚进行了访问演出，此次活动预示着浙江省与爱沙尼亚的音乐文化交流开启了新篇章。2013年，杭州爱乐乐团到访爱沙尼亚塔林，获得了爱沙尼亚主流音乐媒体的佳评。之后，通过各种人文交流活动，爱沙尼亚的音乐文化元素也不断融入浙江省传统音乐，极大地丰富了浙江省音乐的风格创造。立陶宛一直以戏剧为"第二宗教"，戏剧文化发达，是戏剧爱好者的朝圣地，每年吸引来自世界各国的大量观众。立陶宛的艺术家通过参加浙江省举办的戏剧节，让浙江省观众感受到了立陶宛戏剧的多样魅力。拉脱维亚的艺术家也通过各种艺术活动，加强了与浙江省的人文艺术交流。

1. 中东欧艺术交流活动

2017年，"丝绸与传统：中东欧与中国当代丝绸艺术展"在中国丝绸博物馆展出，该展览是中国丝绸博物馆与中东欧艺术家的第一次合作，爱沙尼亚和拉脱维亚艺术家也参与其中。2018年，"感·观中东欧"在宁波举办，涵盖了艺术展览、文艺沙龙、现场互动、美食、室内外音乐演出等文化艺术体验，主宾国是拉脱维亚。该展览除了举办"里加·世界文化遗产"静态展外，还有拉脱维亚儿童摄影师卡特琳娜·安娜科娃的"微笑天使——Katerina Annenkova主题摄影展"。

2017 年中国丝绸博物馆"丝绸与传统：中东欧与中国当代丝绸艺术展"（左图）
及展出的爱沙尼亚塔林印花衣物（右图）

（图片来源：浙江新闻）

2018 年，中国–中东欧国家版画名家作品展也在宁波开展，展出了中国和波罗的海三国等国家的版画艺术家的优秀作品，例如立陶宛艺术家杰拉特·雷克维修特的《爱》和爱沙尼亚艺术家雷蒂·萨克斯的《画脸》。

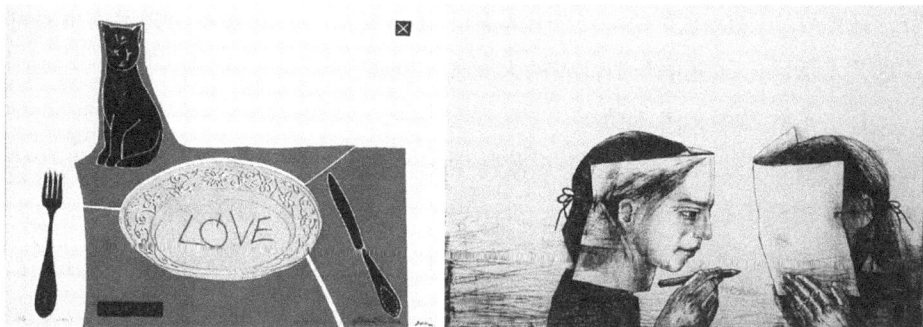

杰拉特·雷克维修特，《爱》，版画　　　　　雷蒂·萨克斯，《画脸》，版画

（图片来源：宁波市文学艺术界联合会）

2019 年，宁波市文联主办了"2019 中国（宁波）·中东欧微电影动漫周暨跨媒体艺术发展论坛"，立陶宛美术馆馆长伊娜·普克里特致辞。在微电影动漫周上，除了波罗的海三国的作品外，还有来自 20 个国家的 48 部微电影入选展映。活动中，伊娜·普克里特等 10 位来自国内外的美术馆馆长、电影节负责人、导演、制片人、编剧、高校数字媒体艺术专业的研究者等，先后分享了各自关于跨媒体艺术发展的深刻思考与独到见解。

2021 年，中国（宁波北仑）中东欧青年艺术周带来了一场融合文化、艺术、时尚三大元素的青年艺术盛会。作为该青年艺术周的主要活动之一，6 月 11 日，"从东到东"当代版画交流展在宁波揭幕，不少版画作品从各个国家运抵宁波，其中包括爱沙尼亚艺术家的作品。

2. "相聚浙里"国际人文交流周活动

2020 年以来，浙江省通过举办"相聚浙里"国际人文交流周活动，促进了与国外的文化交流与合作。这些活动以国际交流合作、文化海外传播、国际形象塑造为重点，建设了一批体现浙江特色、代表中国形象、具有国际影响的人文交流基地，为展示浙江省传统文化之美与发展活力提供了平台，推动了浙江省与国际伙伴之间的友好合作。多位国际友人获得了"诗画浙江"友好使者称号。2020 年，来自拉脱维亚的从事绿色环保领域设计的企业家楚希吉作为外籍企业研究顾问被推选为"诗画浙江"友好使者。2022 年，来自拉脱维亚的芮丹尼被推选为"诗画江南　活力浙江"友好使者。

3. 音乐学院院长论坛及音乐院校联盟

自 2017 年开始，中国–中东欧国家音乐学院院长论坛成为推动音乐与音乐教育全球传播与发展的重要平台。同年，拉脱维亚音乐学院院长刚塔斯·普瑞尼斯和立陶宛音乐戏剧学院院长兹别克涅华斯·艾贝尔高普塔斯参加了浙江音乐学院与中东欧多所音乐院校共同成立的中国–中东欧国家音乐院校联盟。该联盟成立仪式在浙江音乐学院举行，联盟还设立了艺术创作与研究中心。

中国–中东欧国家音乐院校联盟成立仪式

（图片来源：中国文化网）

2019 年 10 月下旬，联盟举办了首届中国 – 中东欧国家音乐舞蹈季，来自爱沙尼亚和立陶宛等 8 个中东欧国家的 26 位艺术家和中国艺术家齐聚浙江音乐学院，共同举办了 43 场系列音乐会（舞蹈专场）、大师班和学术讲座。

二、问题与挑战

浙江省和波罗的海三国之间的人文交流与合作主要是围绕中国 – 中东欧国家合作机制实现的。双方的合作除了受到国际形势方面的影响之外，其他的挑战如下。

（一）交流区域较为有限

浙江省与波罗的海三国开展人文交流的城市主要是宁波和杭州，交流区域较为有限。虽然宁波与波罗的海三国的一些城市建立了友好城市关系，许多大型博览会、论坛、艺术展都在宁波开展，人文交流较为丰富，但在浙江省内能获取的有关波罗的海三国的文化资源仍很少。浙江省共有 11 个地级市，除了宁波和杭州外，其他城市的人对波罗的海三国的认知度较低，许多人对"波罗的海"一词几乎完全陌生，这导致了浙江省与波罗的海三国的人文交流只在宁波和杭州等地进行。人文交流是促进国家和地区之间相互理解和增进友谊的重要途径，如果只有宁波和杭州等少数城市与波罗的海三国之间有较多的人文交流，而其他城市的人对波罗的海三国的认知度较低，那么可能会导致其他城市错失与这三国建立联系和开展合作的机会。如果浙江省与波罗的海三国之间的人文交流不平衡，可能会导致一些合作项目难以在其他城市得到推广和实施，从而限制双方的合作潜力。

（二）疫情的负面影响

新冠疫情防控期间，尽管浙江省与波罗的海三国之间开展了一些线上活动，但由于诸多因素的限制，线下的人文交流受到了严重的影响。线上活动虽然可以在一定程度上维系双方的联系和交流，但却无法替代线下互动的真实感和直观体验。首先，线上的互动内容往往局限于旅游层面，这使得双方对彼此的文化和生活方式了解有限。旅游虽然可以提供一些表面的文化体验，但要深入了解一个国家的文化和社会，需要更深入的交流和体验。其次，通过网络了解对方会过于虚拟化，无法获得真实的文化体验。网络是一种强大的工具，但也只是一种媒介，它无法完全替代直接的人际交流和面对面的接触。这种虚拟化的交流可能导致一些误解和偏见，影响双方之间的深入合作。此外，线上文化交流只停留在表面，较难深入交流。尽管在网络上可以进行大量的信息传递和分享，但真正的文化交流需要更深入的探讨和互动。这种深入的交流不仅可以增加彼此的了解，还可以促进思想和观念的碰撞，加深友谊和理解。

（三）人文艺术研究基础薄弱

浙江省对波罗的海三国的人文艺术研究成果相对不足，这会影响浙江省与波罗的海三国在人文艺术领域的深入交流与合作。首先，尽管政治、经济等方面是文化艺术交流的重要基础，但人文交流作为一个独立的领域，其研究也应当得到足够的重视。如果这方面的研究大多停留在理论层面，而很少能与现实的文化教育实践和创作实践有机融合，那么就可能会出现理论与实践的脱节。其次，研究成果的缺乏可能会导致人们对波罗的海三国的文化艺术认知出现偏差。如果专家们的研究仅限于政治、经济等方面，那么可能会导致人们对波罗的海三国的艺术特色和精髓的理解不足。这种认知偏差可能会影响双方之间的深入交流和合作。此外，缺乏艺术研究成果还可能会影响双方的人文艺术合作项目。如果无法将研究成果与实际的文化教育实践和创作实践有机融合，那么就可能会导致双方之间的合作项目缺乏深度和创新。

三、对策与建议

浙江省需要推动人文交流，提升其在波罗的海三国的知名度与美誉度。浙江省与中国-中东欧国家合作机制成员国的人文交往积淀深厚，成效显著，但仍需进一步扩大地方合作的民意基础，使波罗的海三国的人民了解浙江，熟悉浙江，热爱浙江，助力推动全面合作，带动各方面的发展。如果说经贸合作是国际关系的压舱石，那么人文艺术多层次、多领域的交流就是"黏合剂"。推动人文交流的对策与建议如下。

（一）以杭州为核心，扩大浙江省与波罗的海三国的人文交流

首先，杭州可以发挥省会城市文化交流的先导作用，利用电视和报刊等传统媒体、网络新媒体等更多地宣传有关波罗的海三国的活动，加强浙江省与波罗的海三国媒体间的合作。可以通过多元化形式，进行人文交流，使文化渗透

至语言和习俗等生活的各个方面；也可以多介绍与波罗的海三国相关的文学书籍，强调文化之间的交融，不断寻找共同点，了解并理解差异所在，这样才能实现真正意义上的文化交流。

其次，要鼓励和支持浙江省其他城市与波罗的海三国开展人文交流活动。例如，可以在温州、金华等城市举办有关波罗的海三国的文化艺术展览、讲座、推介会等，以增加这些城市的人对波罗的海三国的了解和认知，鼓励和支持其参与浙江省与波罗的海三国之间的合作项目。总的来说，浙江省需要采取措施来解决与波罗的海三国之间的人文交流不平衡问题，以促进双方之间的合作和发展。

（二）恢复、巩固原有交流平台和机制，拓展新平台和机制

后疫情时代，应该尽快恢复原有的交流平台和机制，如友城互访，举办论坛、博览会、音乐展演、艺术展、戏剧节等。除了"迎进来"，也要积极"走出去"。2022年12月10日，浙江省启动了"千团万企拓市场增订单"行动，启程赴欧洲、东南亚等地开拓境外市场。与此类似，浙江省文艺团体和相关机构、组织也应积极"走出去"，开拓新的人文交流平台和机制，开展浙江省对波罗的海三国旅游、巡演、艺术展演等的推介活动。可以以孔子学院为依托，开展推介以浙江为主题的活动；提高浙江始发的中欧班列的文化品位，赋予中欧班列文化使者身份，使其成为浙江外宣的有机载体，从而在波罗的海三国打造与浙江省合作的民意基础，推动浙江省与波罗的海三国的民间合作。

（三）加强人文交流，以旅游业促进经济合作

旅游是推动人文交流的重要手段，要进一步拓展浙江省与波罗的海三国的旅游市场，促进相关行业的合作，实现互惠共赢。浙江省与波罗的海三国旅游资源都十分丰富，拥有能够满足不同群体需求的旅游项目。地处波罗的海沿岸的三国，气候宜人，环境优美，是著名的旅游胜地。开展旅游合作不仅有助于推动经济合作，而且能够促进双方人民之间的了解，消除跨文化交际中的刻板印象，为实现合作打下良好的基础。

浙江省与波罗的海三国需要加强线下的人文交流，这可以通过组织各种文化活动、艺术展览、人员交流等方式实现。只有通过直接的接触和体验，才能真正深入了解对方的文化和生活方式，增进友谊和理解。总的来说，尽管线上

活动可以提供一些交流的机会，但真正的文化交流需要在线下进行，从而增进双方的理解和友谊，促进双方的合作。

（四）发挥高校智库作用，深化浙江省与波罗的海三国的人文交流

杭州师范大学环波罗的海国家研究中心是浙江省唯一一家专门研究俄罗斯、乌克兰、波罗的海三国问题的专业研究机构和对外文化交流平台，旨在以高起点、国际化的视野，推动中国对环波罗的海国家的研究，促进中国与环波罗的海国家之间的交流与合作，加深互联互通，全力打造中国与环波罗的海国家合作交流的重要基地。该中心要积极发挥智库作用，加强精英交往，打造高层交流合作新纽带，定期举办浙江–波罗的海三国合作论坛，邀请国内和波罗的海三国，以及其他国家政界、商界、学术界、文化界等有影响力的领军人物参加，构建高层交流渠道。

一是可以鼓励和支持专家对波罗的海三国的人文领域进行深入研究，并发表相关研究成果，这可以通过组织专题研讨会、出版相关书籍等方式实现。二是可以加强与波罗的海三国人文领域的机构的交流与合作，这可以通过互派留学生、举办艺术展览、开展艺术家交流等方式实现。

展望未来，浙江省与波罗的海三国需要通过各种途径，加强人文交流，增进相互了解与友谊，共同推动文化多样性发展，为世界文化交流贡献更多力量。

四、典型案例：波罗的海三国与中国–中东欧国家图书馆联盟

（一）波罗的海三国参与联盟成立

2017 年 9 月 22 日，第三届中国–中东欧国家文化合作部长论坛在杭州举行。出席论坛的嘉宾有 17 国政府文化代表团，其中包含波罗的海三国的代表。论坛上通过了《中国–中东欧国家文化合作杭州宣言》和《中国–中东欧国家2018—2019 年文化合作计划》。论坛举办期间，各国代表团参观了杭州图书馆、浙江音乐学院、中国丝绸博物馆等。中国–中东欧国家图书馆联盟项目也在杭州正式启动，此项目由杭州图书馆发起，该论坛的与会嘉宾参加了启动仪式，其中包括波罗的海三国的嘉宾。

（二）联盟正式成立

2018 年 10 月 19—22 日，中国–中东欧国家图书馆联盟馆长论坛在杭州图书馆举行。论坛上，中国–中东欧国家图书馆联盟正式成立，并审议通过了《中国–中东欧国家图书馆联盟成立宣言》和《中国–中东欧国家图书馆联盟2019—2020 年行动计划》。联盟秘书处设在杭州图书馆。国际图书馆协会联合会主席、欧洲图书馆信息和文献联合会副主席以及中东欧 16 国图书馆馆长和代表（包括波罗的海三国的代表），中国 29 家省、市级公共图书馆的馆长等共160 余人出席了论坛。

10 月 21 日，论坛举行了"走进中国–中东欧国家图书馆"会议，并围绕大会主题"图书馆——合作·互联·共享"举行了四场圆桌会议。爱沙尼亚塔林中心图书馆外国语文学部主任克里斯泰尔·帕克、拉脱维亚国家图书馆波罗的海东亚研究中心主任叶卡捷琳娜·帕夫洛娃、立陶宛希奥利艾郡波维拉斯·维森斯基斯公共图书馆方法管理部主任埃卡特里纳·普拉卡潘、立陶宛乌田纳·A.和M.米斯基尼公共图书馆信息资源与创新部主任莱玛·拉皮涅、立陶宛帕内韦日斯郡加布里埃勒·彼得克维卡特·比特公共图书馆文化经理维吉尼亚斯·维迪勒也参加了相关会议。

（三）联盟发展过程中杭州市与波罗的海三国的交流

1. 学生交流

2019 年 3 月 13 日，杭州图书馆"跨文化在线 Book Club"项目第一期成功举办。参与群体为来自浙江外国语学院和爱沙尼亚塔林利勒库拉体育馆学校的学生。双方就支付宝、外国文学作品、诗歌和音乐等话题进行了充分的交流。

2. 保持外联

虽然由于疫情，杭州图书馆的 2020 年国际交流工作受到较大影响，但该馆借力互联网，仍与国际图书情报界保持了良好沟通。杭州图书馆积极发挥中国–中东欧国家图书馆联盟秘书处职能，为向中国图书馆业界展示更有深度和洞见的关于联盟成员馆事业的发展情况，主动向联盟成员馆邀稿，并由秘书处负责编译，其中，《爱沙尼亚图书馆事业发展概述》一文发表于《图书馆报》。

3. 论坛活动

杭州图书馆通过中国–中东欧国家图书馆联盟，实现了中国与中东欧各国图书馆之间的资源共享、文化交流和技术合作。在杭州图书馆馆藏书目中，以"爱沙尼亚""拉脱维亚""立陶宛"为关键词进行搜索，均有几十本书之多，但比较集中于儿童绘本。根据杭州图书馆"十四五"发展规划文件可看出，该馆将继续组织和举办中国–中东欧国家图书馆联盟论坛等交流活动，发挥联盟秘书处的作用，并将编写有关联盟建设发展的中英文图册、书籍。

国别篇

浙江省与爱沙尼亚合作发展报告

钟丽佳

摘　要：中国和爱沙尼亚两国自建交以来，双方在经贸、文化、科技与教育等领域的交往与合作稳步发展，签署了一系列合作文件，这也带动了浙江省与爱沙尼亚在经贸、旅游、文化、制造业等领域开展诸多合作。本报告旨在梳理和总结浙江省与爱沙尼亚在各个领域的合作情况，以期为双方未来的合作提供参考。

关键词：浙江省；爱沙尼亚；经贸合作；教育合作；人文交流与合作

作者简介：钟丽佳，教育学博士，杭州师范大学外国语学院讲师、环波罗的海国家研究中心研究员。

一、浙江省与爱沙尼亚的合作背景

中国与爱沙尼亚自 1991 年建交以来，双方在经贸、军事、文化、科技与教育等领域的交往与合作稳步发展，两国签署的合作文件涉及政治、经济、科技、文化、教育等领域。两国间设立了经贸合作混委会，截至 2023 年，召开了十次例会。自 2013 年以来，"一带一路"倡议为拓展双边或多边务实合作提供了更多机遇。

中国主要向爱沙尼亚出口机电产品、高技术产品、农产品及机械设备，自爱沙尼亚进口钢材、电子产品、计算机及通信技术产品。2021 年，中国与爱沙尼亚进出口贸易总额达 12.88 亿美元，为历史最高点；2022 年开始，受国际关系和疫情影响，中爱双边贸易额有所下降（表 1 和图 1）。

表 1　2016—2023 年中国与爱沙尼亚双边贸易额统计①

年份	出口额/亿美元	增长率/%	进口额/亿美元	增长率/%	进出口额/亿美元	增长率/%
2016	9.64	1.14	2.12	−9.86	11.76	−1.03
2017	10.06	4.36	2.60	22.64	12.66	7.73
2018	10.32	2.58	2.45	−5.77	12.77	0.79
2019	9.22	−10.66	2.99	22.04	12.21	−4.39
2020	8.64	−6.29	2.81	−6.02	11.45	−6.22
2021	10.07	16.55	2.81	0.00	12.88	12.58
2022	9.45	−6.16	2.91	3.56	12.36	−4.11
2023	8.25	−12.70	3.45	18.56	11.70	−5.34

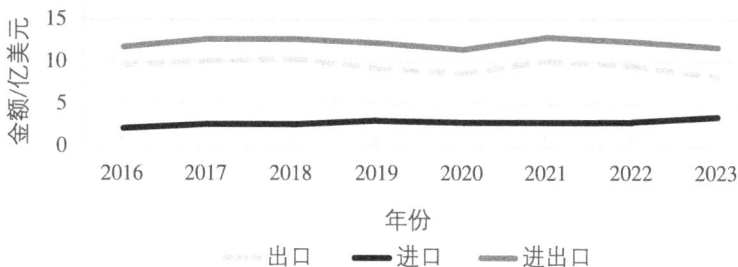

图 1　2016—2023 年中国与爱沙尼亚双边贸易额变化情况

　　就双边投资关系而言，1993 年中爱双方签订《中华人民共和国政府和爱沙尼亚共和国政府关于促进和相互保护投资协定》，为双边投资关系发展奠定了良好基础。两国企业在各领域的合作也随之不断加深：顺丰速运与爱沙尼亚邮政集团携手开拓欧洲地区业务；同方威视顺利向爱沙尼亚海关交付所有检测设备；广州航新成功收购爱沙尼亚飞机维修公司 Magnetic MRO，成为中国在爱沙尼亚投资的最大项目；华为在爱沙尼亚设立分公司；还有一些中小企业成功在爱沙尼亚投资设厂。随着中国经济的不断发展，爱沙尼亚政府和工商界对与中国开展各领域合作表现出浓厚兴趣，欢迎中国企业到爱沙尼亚投资，特别是在电商物流、绿色经济、高新科技等领域。

　　中爱两国政府还通过多种方式推动教育领域的交流与合作，如派出教育代表团互访、设立奖学金以及开办教育展等。2015 年是中爱两国在教育领域的合

---

① 2016—2021 年及 2023 年数据根据海关统计数据在线查询平台计算得出，参见：http://stats.customs.gov.cn/.海关总署没有发布 2022 年中国与爱沙尼亚的双边贸易统计数据，该年数据由笔者在外交部网站收集整理得出，参见：https://www.fmprc.gov.cn/web/gjhdq_676201/gj_676203/oz_678770/1206_678820/sbgx_678824/.

作取得里程碑式发展的一年。2015 年 4 月 27 日，中国教育部副部长李卫红在拉脱维亚首都里加出席第五届亚欧教育部长会议期间，与爱沙尼亚教育与研究部部长尤尔根·利基签署了两国关于相互承认高等教育文凭的协议。此次会议及双方签署的文件，进一步促进了中爱两国高校和学生间的交流，深化了两国在教育领域的务实合作。2017 年，中国与爱沙尼亚签署了 2017—2022 年教育合作协议，涵盖留学生交换、奖学金授予、语言教学、文化历史交流等方面的内容。两国之间还多次举办教育展，为学校之间的交流搭建平台。如 2012 年，由中国留学基金委组织，中国教育展览团访问爱沙尼亚，并参加波罗的海三国国际教育展；2016 年，第八届上海教育展在爱沙尼亚塔林大学举办；2017 年，北京教育说明会在塔林举行。这些展会为两国的教育合作与交流提供了重要平台和途径。

中爱双方加强了孔子学院建设与汉语教学的推广。塔林大学孔子学院是爱沙尼亚国内唯一一所孔子学院，开展汉语基础课程教学，积极举办各类文化活动，包括文艺俱乐部、茶艺社、电影之夜、棋牌社、汉语角活动等。除了孔子学院，截至 2022 年年底，爱沙尼亚共有 13 所大学、中学的汉语教学点开设汉语课程。[①]

塔林大学孔子学院汉语角文化活动　　　　　　塔林大学的书法体验活动
（图片来源：上海财经大学）　　　　　　　　（图片来源：上海财经大学）

在文化交流领域，2013 年 5 月，爱沙尼亚文化部部长瑞恩·朗格率文化代表团来华参加中国–中东欧国家文化合作论坛并与中国文化部部长蔡武签署

① 上海财经大学国际商务汉语教学与资源开发基地. 孔子学院. [2022-12-01]. https://businesschinese.sufe.edu.cn/9730/list.htm.

两国 2013—2017 年文化交流协议。2017 年 9 月，在第三届中国 – 中东欧国家文化合作部长论坛期间，中国文化部部长雒树刚会见了爱沙尼亚文化部秘书长帕沃·诺盖内，并签署了《中华人民共和国文化部和爱沙尼亚共和国文化部2018—2022 年文化交流计划》。上述计划使得中爱文化交流与合作日益密切，交流项目异彩纷呈，交流模式不断创新，合作成果日益丰硕。

首先，两国双向开展文艺演出与交流。如 2015 年 2—8 月，中方在爱沙尼亚等波罗的海三国举办"中国文化节"。2016 年 4 月，为庆祝中爱建交 25 周年，爱沙尼亚驻华大使馆在北京举办了主题为"揭开多彩北欧面纱——欣赏爱沙尼亚之美"的活动。《2018—2022 年文化交流计划》还支持两国作家协会进行交流对话，推动爱沙尼亚史诗《卡列维波埃格》（Kalevipoeg，又译为《卡列维之子》）中译本的出版。2018 年 7 月，中国云南金小凤艺术团赴爱沙尼亚参加沃鲁民俗艺术节"中国民俗日"活动。其次，在电影业交流方面，两国签署电影合作拍摄协议，举办电影产业论坛和电影沙龙。《2018—2022 年文化交流计划》也强调双方支持在对方国互办电影周，鼓励两国国际电影节主办方邀请对方国家电影人参加本国电影节。如 2018 年 11 月，上海国际电影节联合爱沙尼亚塔林黑夜电影节举办了主题为"中欧电影合作：是时兴还是未来"的产业论坛，来自中国和欧洲的电影人就如何开拓更多元的合作模式进行了深入对话。此外，随着人文合作交流的增多，越来越多的爱沙尼亚学生来到中国的大学学习中文或其他专业，近年到爱沙尼亚学习的中国学生也越来越多。从 2010 年开始，北京外国语大学、北京第二外国语学院、河北外国语学院陆续开设爱沙尼亚语课程或专业。2019 年首部《爱沙尼亚语汉语基础词典》由北京第二外国语学院特聘教授高晶一编撰完成，在爱沙尼亚出版。

二、浙江省与爱沙尼亚合作历程及现状

浙江省作为中国东部沿海的重要经济大省，以其独特的地理位置和丰富的资源，在国际合作中发挥着举足轻重的作用。爱沙尼亚作为科技创新强国，同样在全球合作舞台上占有重要地位。浙江省与爱沙尼亚的合作可以追溯到 21 世纪初。早期，双方的合作主要集中在经贸领域，通过贸易往来和投资合作，逐渐建立起良好的经济关系。随着合作的深入，双方合作开始拓展到科技、教育、文化等领域，合作形式也日益多样化。

（一）政府间往来及商业洽谈

2008 年 10 月 13—20 日，爱沙尼亚塔林市市长埃德加·萨维萨尔率塔林市政府代表团访问北京、杭州和宁波。在杭州期间，萨维萨尔会见了时任杭州市市长蔡奇，两市签署了友好交流备忘录，塔林代表团还出席了"杭州国际友城市长峰会"。2012 年 10 月 22 日，杭州市副市长佟桂莉会见了爱沙尼亚塔林市议会主席托马斯·维特苏特一行。2013 年 6 月，杭州市政协副主席叶明率团访问爱沙尼亚。

2014 年 6 月，爱沙尼亚外贸与企业部部长安妮·苏林格来华出席宁波中国–中东欧国家经贸促进部长级会议。同年 9 月 20—29 日，杭州市委副书记杨戍标率杭州代表团拜访了塔林市政府，并与市政府秘书长托马斯·谢普就公共交通发展、电子政务应用等进行了交流。2019 年 6 月 8 日，第五届中国–中东欧国家投资合作洽谈会在宁波举行，来自爱沙尼亚等 11 个中东欧国家的政府代表参加。

2021 年 1 月 28 日，中国（宁波）–爱沙尼亚经贸对接会成功举办，此次活动由宁波市中东欧博览与合作促进中心、爱沙尼亚企业局联合主办。HAAGE、Saku Brewery 等 21 家爱沙尼亚企业与宁波世贸通等 23 家中方企业围绕酒类、果汁、婴儿食品等产品进口、代理等事宜，通过在线一对一的形式开展了洽谈。此次活动不仅增强了双方的相互了解，也为未来的经贸合作奠定了坚实的基础。

2021 年 3 月 19 日，宁波市政府在上海举办 2021 宁波市与中东欧国家合作交流会，副市长李关定出席活动并致辞。活动同时邀请了包括爱沙尼亚在内的中东欧国家驻沪使领馆、经贸促进机构、商协会和重点企业代表参加。

2021 年 4 月 18 日—5 月 9 日，宁波市商务局派出专员与相关部门组成学术经贸团，在宁波市中东欧博览与合作促进中心主任张亚东的带领下访问爱沙尼亚、拉脱维亚等 8 个中东欧国家，通过与企业、机构的面对面交流，巩固常态化合作机制，倾听各方需求和期待，希望进一步扩大合作成果，筑牢友谊合作之桥。

2021 宁波市与中东欧国家合作交流会

（图片来源：宁波市人民政府外事办公室）

（二）经贸合作

经贸合作一直是浙江省与爱沙尼亚合作的重要组成部分。双方企业在多个领域开展了深入的贸易往来和投资合作，如电子产品、机械设备、化工产品等。

从贸易流量上看，根据浙江省商务厅相关统计数据（表2），浙江省与爱沙尼亚进出口贸易体量较小，浙江省对爱沙尼亚的进出口贸易顺差较大。2014年浙江省与爱沙尼亚的进出口贸易额处于最大值，约2.9亿美元，2015年之后有所下降，但保持相对稳定。

表2　2013—2023年浙江省与爱沙尼亚进出口贸易额统计①

年份	出口额／万美元	增长率／%	进口额／万美元	增长率／%	进出口额／万美元	增长率／%
2013	26870.89	−3.49	1802.16	93.43	28673.05	−0.35
2014	26590.15	−1.05	2518.95	39.77	29109.10	1.52
2015	17708.00	−33.40	1229.23	−51.20	18937.23	−34.94
2016	17774.06	0.37	919.36	−25.21	18693.42	−1.29
2017	19651.88	10.56	1564.49	70.17	21216.37	13.50
2018	20167.73	2.62	1940.66	24.04	22108.39	4.20
2019	19436.53	−3.63	924.68	−52.35	20361.21	−7.90
2020	16549.05	−14.86	1102.05	19.18	17651.10	−13.31
2021	19125.55	15.57	1043.16	−5.34	20168.71	14.26
2022	16931.48	−11.47	1741.85	66.98	18673.33	−7.41
2023	16950.50	0.11	2924.79	67.91	19875.29	6.44

---

① 此表及图2的数据为笔者从浙江省商务厅调研、整理而得。

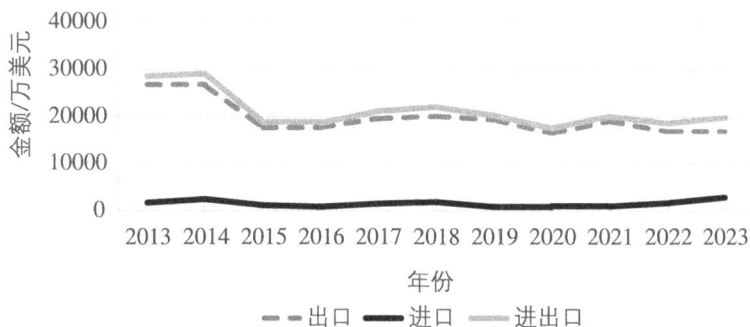

图2　2013—2023年浙江省与爱沙尼亚的进出口贸易额变化情况

就投资关系而言，2013—2023年，爱沙尼亚在浙江省投资企业累计3家，合同外资累计1565万美元，累计实际使用外资123万美元。[①]

（三）教育交流与合作

在教育领域，浙江省与爱沙尼亚开展了多种形式的合作，主要体现在以下两个方面。

1.学术交流与合作：浙江省的高等院校和研究机构与爱沙尼亚的教育机构建立了学术交流与合作关系。双方互派学者进行访问、研究和讲学，共同开展科研项目，推动学术成果的转化和应用。例如浙江农林大学与爱沙尼亚生命科学大学在植物生理学领域开展了合作研究，爱沙尼亚生命科学大学乌洛·尼内梅茨教授还应邀到浙江农林大学国家重点实验室开展学术交流并做讲座。[②]

2.学生交流与留学：浙江省与爱沙尼亚之间开展了学生交流项目，鼓励双方学生到对方国家留学，体验不同的文化和教育模式。通过互派留学生，双方可以增进了解，培养国际化人才，促进友好关系的发展。在浙江省与爱沙尼亚的高校合作中，浙江工业大学是一个突出的范例。2012年10月，爱沙尼亚高等教育代表团访问浙江工业大学；2013年，浙江工业大学与爱沙尼亚塔林理工大学建立合作关系，签订了欧盟伊拉斯谟计划（Erasmus）交流项目协议，该项目旨在促进学生和教师的国际流动，加强不同文化之间的交流和合作。通过这一协议，浙江工业大学和塔林理工大学的学生和教师可以互相申请参加对方学校的课程、研究项目和实习等，从而增进对彼此文化和教育体系的了解。

---

① 以上数据由浙江省商务厅提供。
② 孙志鸿. 爱沙尼亚科学院院士Ülo Niinemets教授访问国家重点实验室. (2019-04-29)[2023-07-22]. https://www.zafu.edu.cn/info/1003/83571.htm.

2019 年 12 月，浙江师范大学党委书记蒋国俊率代表团访问爱沙尼亚塔林大学等高校与教育机构，就拓展与欧洲国家高校合作、共同推进师生流动、共建科研平台、共建孔子学院、中外合作办学等议题进行了广泛交流。

爱沙尼亚生命科学大学乌洛·尼内梅茨教授在
浙江农林大学做讲座

（图片来源：浙江农林大学）

浙江师范大学代表团访问爱沙尼亚塔林大学

（图片来源：浙江师范大学）

（四）文化交流与合作

文化交流是双方合作的重要组成部分。浙江省与爱沙尼亚定期举办各类文化活动和展览，如音乐会、画展等，增进了双方人民之间的了解和友谊。

2005 年 10 月 2 日，杭州民乐团在爱沙尼亚的音乐厅举办专场演出，受到当地民众的热烈欢迎，阿诺尔德·吕特尔总统等政要出席。同年 10 月 4—7 日，应爱沙尼亚古乐节组委会邀请，浙江歌舞剧院彩蝶乐坊民乐团对爱沙尼亚进行了访问演出。

2012 年 10 月 16—19 日，爱沙尼亚塔尔图市市长厄玛斯·克鲁泽率领代表团在爱沙尼亚驻上海总领事任华的陪同下访问宁波。代表团参加了第三届中国宁波国际港口文化节开幕式。

2013 年 6 月 16—18 日，杭州爱乐乐团在爱沙尼亚塔林的音乐演出获得爱沙尼亚主流音乐媒体的高度评价。

2021 年 12 月 3 日，宁波市与爱沙尼亚塔尔图市结好 10 周年摄影展在宁波市城市展览馆开幕。爱沙尼亚驻华大使以及塔尔图市市长通过视频发表致辞。

三、浙江省与爱沙尼亚合作的机遇与挑战

（一）浙江省与爱沙尼亚合作的机遇

1. 技术创新合作：爱沙尼亚在信息技术、生物科技等领域具有显著优势，浙江省则拥有强大的制造业基础和市场需求。双方可以通过技术合作，共同推动产品创新，开拓新的市场领域。

2. 贸易与投资：浙江省的出口商品种类丰富，质量上乘，而爱沙尼亚的市场需求与浙江省的出口结构具有较高的互补性。通过加强贸易往来，双方可以实现资源优化配置，提高经济效益。同时，爱沙尼亚的投资环境稳定，政策透明，为浙江企业提供了良好的投资机会。

3. 人才培养与交流：爱沙尼亚的教育体系完善，科技人才储备丰富。浙江省与爱沙尼亚可以加强高等教育、职业培训等领域的合作，共同培养国际化人才，为双方的经济发展提供智力支持。

（二）浙江省与爱沙尼亚合作的挑战

1.地理距离和文化差异：浙江省与爱沙尼亚之间的地理距离较远，文化差异也较为明显。这可能导致双方在沟通、理解和合作过程中存在一定的障碍。

2.市场规模和经济实力差异：浙江省作为中国东部沿海发达省份，拥有雄厚的经济实力和庞大的市场规模，而爱沙尼亚则是一个相对较小的国家，市场规模和经济实力有限。这可能导致双方在合作过程中的地位不对等，影响合作的顺利进行。

3.法律法规和政策环境差异：浙江省和爱沙尼亚在法律法规和政策环境方面可能存在差异，这可能导致企业在合作过程中面临合规风险，需要花费更多的时间和精力去了解和适应对方的法律法规和政策环境。

4.语言障碍：虽然英语在国际商务合作中普遍使用，但爱沙尼亚的官方语言是爱沙尼亚语，这可能导致双方在合作过程中出现语言障碍，影响沟通效率。

四、浙江省与爱沙尼亚深化合作的建议

（一）加强政策沟通与协调

1. 建立健全的合作机制：双方应建立高层互访、信息共享等机制，定期就重大问题进行磋商，为双方企业提供稳定的政策环境。加强日常合作，共同做好供求信息梳理以及匹配工作，服务企业开拓国际市场的需求，推动互利共赢。

2. 加强法律交流与合作：双方应加强在知识产权保护、贸易法规等方面的交流与合作，共同打击跨境违法活动，维护双方企业的合法权益。

3. 推动税收优惠政策的对接：双方可在税收优惠政策方面进行对接，如降低关税、免征或减征所得税等，以促进双方经贸往来。

（二）深化产业合作与互补

1. 制造业领域：浙江省具有较强的制造业基础和市场优势，而爱沙尼亚则在电子通信、生物科技等领域拥有先进的技术和人才储备。双方可在制造业领域开展深度合作，实现技术转移与升级，提高产业链附加值。

2. 信息技术与数字经济：爱沙尼亚在信息技术、大数据等领域具有领先地位，而浙江省则积极推进数字化改革。双方可在数字经济领域加强合作，推动数字经济的发展壮大。

3. 服务贸易领域：浙江省的服务业发展迅速，而爱沙尼亚则在金融服务、教育医疗等领域具有较强实力。双方可在服务贸易领域开展合作，扩大服务贸易规模，提升服务质量。

（三）拓展科技创新合作空间

1. 联合科研项目：双方可共同申报国家重大科研项目，开展前沿科学研究和技术攻关，培育新的经济增长点。

2. 技术转移与转化：双方可搭建技术转移平台，推动两地科技成果的转化和应用，促进科技资源的优化配置。

3. 创新创业生态体系建设：双方可共建创新创业孵化器、加速器等机构，完善科技创新创业体系，激发创新活力。

（四）加强人才培养与交流

1. 高校合作：双方可加强高校间的合作与交流，共同培养国际化人才，促进教育资源的共享与优化。

2. 举办学术论坛与研讨会：双方可举办高水平的学术论坛和研讨会，邀请专家学者和企业界人士参与研讨经济发展热点问题，增进相互了解和信任。

（五）强化宣传推广与形象塑造

1. 媒体宣传：通过主流媒体加强对浙江省与爱沙尼亚合作的宣传报道，最终实现"1+1>2"的协同效应，为中国－中东欧国家合作机制提供省域层面的创新样本。

2. 展览展示：举办展览会、推介会等活动，展示两地的特色产品和优质服务，吸引更多的合作伙伴。

综上，浙江省与爱沙尼亚在经济、文化、科技合作领域具有巨大的潜力和广阔的前景。通过加强政策沟通与协调、深化产业合作与互补、拓展科技创新合作空间、加强人才培养与交流等措施，浙江省将与爱沙尼亚携手共进，实现更加繁荣和可持续的发展。

浙江省与拉脱维亚合作发展报告

朱越峰

摘　要：中国与拉脱维亚两国自建交以来，双方在经贸、文化、科技与教育等领域的交往与合作稳步发展，签署了一系列合作文件，这也带动了浙江省与拉脱维亚在经贸、教育和人文交流等领域开展了诸多合作。本报告旨在梳理和总结浙江省与拉脱维亚在各个领域的合作情况，以期为双方未来的合作提供参考。

关键词：浙江省；拉脱维亚；经贸合作；教育合作；人文交流与合作

作者简介：朱越峰，文学硕士，杭州师范大学外国语学院副教授、环波罗的海国家研究中心研究员。

一、浙江省与拉脱维亚的合作背景

中国与拉脱维亚两国自建交以来，双方在经贸、文化、科技与教育等领域的交往与合作稳步发展，签署了一系列合作文件。中国－中东欧国家合作机制启动后，中拉合作变得更加紧密。2016 年 11 月，拉脱维亚政府在首都里加主办了第五次中国－中东欧国家领导人会晤，中国总理李克强访问拉脱维亚并出席会议。中拉两国以此为契机，推动"16+1 合作"同"一带一路"建设对接，携手推进中国与整个中东欧地区的合作，打造"一带一路"深入欧洲的大通道。中国－中东欧物流合作联合会已落户里加，进一步增进了中拉双方在交通物流领域的合作。

近年来，中拉双边经贸合作取得了一定发展。迄今，两国签署了经贸合作协定、避免双重征税和防止偷漏税协定、商检协定等合作协定，为双方具体领域合作奠定了较好的法律基础。两国经贸合作委员会运作顺利，已召开 10 次例会。双边贸易发展总体顺利。2011 年至 2013 年双边贸易增长较快，2014

年和 2015 年出现下滑，2016 年恢复增长。据中华人民共和国海关总署数据，中拉双边进出口贸易额于 2022 年创下历史新高，但 2023 年出现了下降（表 1 和图 1）。

表 1　2016—2023 年中国与拉脱维亚双边贸易额统计 [①]

年份	出口额 / 亿美元	增长率 /%	进口额 / 亿美元	增长率 /%	进出口额 / 亿美元	增长率 /%
2016	10.63	3.91	1.32	−8.97	11.95	2.40
2017	11.48	8.00	1.77	34.09	13.25	10.88
2018	11.66	1.57	2.13	20.34	13.79	4.07
2019	10.94	−6.17	1.96	−8.00	12.90	−6.53
2020	10.52	−3.84	2.00	2.04	12.52	−2.80
2021	11.42	8.55	2.39	19.50	13.81	10.21
2022	10.24	−10.33	3.75	57.00	13.99	1.30
2023	9.88	−3.52	2.72	−27.47	12.60	−9.94

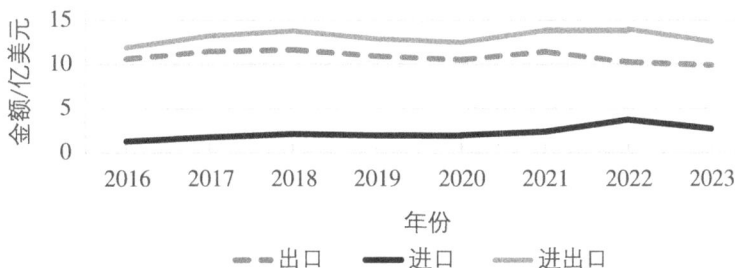

图 1　2016—2023 年中国与拉脱维亚双边贸易额变化情况

从商品结构来看，中国对拉脱维亚出口的商品主要类别包括：电机、电气设备及其零件，纺织品，塑料及其制品、橡胶及其制品。中国从拉脱维亚进口的商品主要类别包括：木材及木制品，木炭，矿物燃料、矿物油及蒸馏产品，沥青物质，矿物蜡，电机、电气设备及其零件。

据中国商务部统计，2020 年，中国对拉脱维亚直接投资 564 万美元；截止到 2020 年年末，中国对拉脱维亚直接投资存量为 1681 万美元；截止到 2021 年 5 月底，中国对拉脱维亚投资存量为 1395 万美元，拉脱维亚对中国投资存量为 420 万美元。中国对拉脱维亚主要投资领域为生命科技、沐浴护肤产品制

① 2016—2021 年及 2023 年数据根据海关统计数据在线查询平台计算得出，参见：http://stats.customs.gov.cn/. 海关总署没有发布 2022 年中国与拉脱维亚的双边贸易统计数据，该年数据由笔者在外交部网站收集整理得出，参见：http://www.fmprc.gov.cn/gjhdq_676201/gj_676203/oz_678770/1206_679330/sbgx_679334/.

造、木材加工等。进入拉脱维亚的中资企业主要有拉脱维亚华大智造公司、华为技术拉脱维亚子公司。同时，数十家从事食品工业、银行业、信息技术和高科技、翻译、化妆品、木材加工、物流、房地产、机械和矿产生产的拉脱维亚企业已进入中国市场。

在文化和教育领域，1996 年，中拉两国签订了《中华人民共和国政府和拉脱维亚共和国政府文化和教育合作协定》，致力于加强两国友好关系，促进两国在文化、教育和相关领域的交流合作。进入 21 世纪以来，两国继续推进在教育等领域的关系发展。2017 年 11 月，中国教育部部长陈宝生会见拉脱维亚驻华大使玛瑞斯·赛尔嘉，并签署了《中华人民共和国政府和拉脱维亚共和国政府教育合作协议》，进一步深化两国在教育领域的交流与合作。2018 年 9 月，中拉两国签署了《中华人民共和国政府和拉脱维亚共和国政府科学技术合作协定》。根据该协定，中拉双方将成立政府间科学与技术合作委员会，定期召开双边科技例会，交流双方研究与技术合作发展的情况；同时进一步推动科研机构、高校和企业合作开展科技交流与合作。① 如 2019 年 6 月，暨南大学饶敏副校长率团访问拉脱维亚等波罗的海三国，前往拉脱维亚大学、里加理工大学等6 所高校，就教学和科研合作进行了会谈，并与相关院校签署了交流合作协议。华南师范大学在 2011 年与拉脱维亚大学合作创办孔子学院，该孔子学院通过开展汉语教学、举办各类文化与交流活动等多种方式，成为加深两国民众尤其是青少年交流的重要平台。根据 2022 年 4 月的报道，该孔子学院在拉脱维亚共有 17 个教学点（含 5 个孔子学堂），遍布拉脱维亚全境，涵盖了大中小学，其中有 8 个教学点将汉语课程正式纳入了学校的学分课程体系，成为必修课或选修课。②

自 2015 年以来，中拉合作在文化交流领域得到了进一步的发展。中拉文化部签署了《中华人民共和国文化部和拉脱维亚共和国文化部 2016—2020 年文化交流计划》和在里加设立中国文化中心的谅解备忘录。2017 年 9 月，在第三届中国–中东欧国家文化合作部长论坛期间，中国文化部部长雒树刚会见了拉脱维亚文化部部长达茜·梅尔巴德，就深化双边文化交流与合作深入交换了意见，并签署了《中华人民共和国政府和拉脱维亚共和国政府文化和教育合作

---

① 外交部. 中国同拉脱维亚的关系. [2022-11-11]. http://www1.fmprc.gov.cn/gjhdq_676201/gj_676203/oz_678770/1206_679330/sbgx_679334/.

② 华南师范大学. 孔子学院. [2022-12-01]. https://www.scnu.edu.cn/a/20150907/23.html.

协定》。上述文件的签署，使得中拉文化交流与合作日益密切，成果日益丰硕。

中拉电影业交流近年来较为频繁。2015 年，中国电影节首次在拉脱维亚举行，此次活动由中国驻拉脱维亚使馆、国家新闻出版广电总局和拉脱维亚国家电影中心联合举办。2018 年，"一带一路"电影节联盟在上海成立，拉脱维亚国家电影中心也随之加入。2019 年，拉脱维亚影人携《比莱》(Bille) 参加上海国际电影节，该电影也于 2022 年在中国中央电视台电影频道播出。2023 年，《流浪地球 2》在拉脱维亚全国各地的阿波罗电影院全面上映，中文原声，配以拉脱维亚语和俄语字幕，方便当地观众观赏。

在语言学习交流方面，2011 年，拉脱维亚著名汉学家贝德高出任拉脱维亚大学孔子学院拉方院长。贝德高 2008 年编撰出版《汉语拉脱维亚语大词典》，2016 年编撰出版《精选拉脱维亚语汉语—汉语拉脱维亚语词典》。自 2015 年起，北京第二外国语学院和北京外国语大学相继开展拉脱维亚语教学和设立拉脱维亚语专业。

在文学艺术交流方面，2018 年 9 月 1 日，"中拉文学之夜"活动在新落成的拉脱维亚中国文化中心举行，来访的中国作协代表团成员、拉脱维亚文学界人士以及中国文化爱好者等近百人出席，展现了两国文学的多样魅力。2019 年 5 月，第二届"中国-中东欧国家文化艺术嘉年华"亮相北京世界园艺博览会，来自拉脱维亚等 12 个中东欧国家的百余位外国艺术家带来了精彩的文艺演出。2020 年，贝德高创作的《我的中国故事》在拉脱维亚发行，他以日记的形式，生动鲜活地记录了在中国的外交官和记者生涯，以及之后多次访华的亲身经历和感受，既体现出他的中国情缘和对中国文化的不懈探索，也反映了中拉两国友好关系的持续发展历程以及近年来中国发生的巨大变化。2021 年，《我的中国故事》的中文版《我的中国日记》由商务印书馆出版。2022 年，贝德高出版拉脱维亚第一部唐诗译作《唐诗选译》，8 月 25 日，中国驻拉脱维亚大使梁建全应邀出席新书发布仪式并致辞。当天的发布仪式上还推出了长期居住在中国的知名拉脱维亚主持人安泽的著作《老乡，安泽》的拉脱维亚文版——《在那遥远的东方》。

"中拉文学之夜"上汉语教师马笑笑朗诵诗歌

（图片来源：中国文化网）

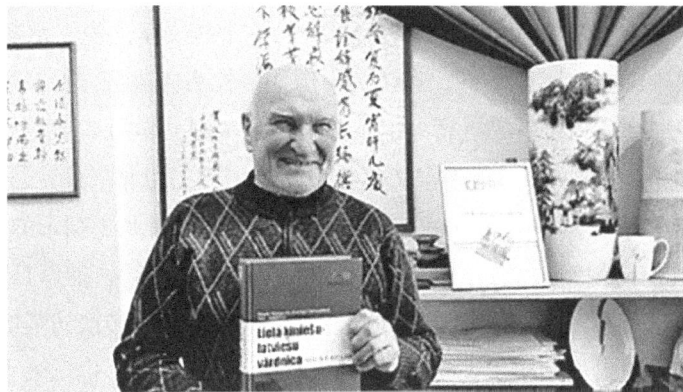

拉脱维亚汉学家贝德高展示其《汉语拉脱维亚语大词典》

（图片来源：光明网）

二、浙江省与拉脱维亚交流合作历程与现状

浙江省作为中国东部沿海经济发达的省份，一直以其开放的态度和创新的精神吸引着世界的目光。拉脱维亚作为波罗的海沿岸国家，在东西方交流中占据着重要的地理位置。自"一带一路"倡议提出以来，浙江省作为重要的参与省份，积极寻求与相关国家的合作机会。近年来，浙江省与拉脱维亚在经济、文化、教育等领域的合作不断深化，为双方带来了共赢的发展机遇。在经贸方

面，双方致力于扩大贸易规模，优化贸易结构，推动双向投资。在科技领域，双方加强科技创新合作，共同研发新技术、新产品。在教育文化领域，双方推动教育交流与合作，举办文化交流活动，加深两国人民之间的了解与友谊。

（一）经贸合作

近年来，浙江省与拉脱维亚在经贸领域的合作日益密切。双方通过互访、经贸洽谈会、企业对接等方式，不断探索合作机会，取得了显著的成果。2016年6月，拉脱维亚投资发展署在宁波设立代表处以促进经贸投资。2019年4月举行的第八次中国－中东欧国家领导人会晤期间，拉方与宁波市政府共同签署了《关于合作支持建设中国（宁波）－拉脱维亚跨境电子商务港湾的谅解备忘录》，以促进双方贸易、交通和物流等领域合作。2019年5月20日，中国（宁波）－拉脱维亚跨境电子商务港湾项目在拉脱维亚首都里加启动，通过跨境电商平台，来自拉脱维亚和其他中东欧国家的特色产品可以快速直接进入中国市场，有利于推动双边贸易增长。

拉脱维亚投资发展署在宁波设立代表处，
拉脱维亚经济部第一副部长威力尼斯·其尔斯致辞

（图片来源：中国宁波网）

从贸易流量上看，根据浙江省商务厅相关统计数据（表2、图2），浙江省与拉脱维亚进出口贸易体量较小，浙江省对拉脱维亚的进出口贸易顺差较大。2013年浙江省与拉脱维亚的进出口贸易额为近年最高值，达4亿多美元，2015

年之后有明显下降，但保持相对稳定。浙江省与拉脱维亚进口贸易额于2022年达到最高值6532.06万美元。

表2　2013—2023年浙江省与拉脱维亚进出口贸易额统计①

年份	出口额/万美元	增长率/%	进口额/万美元	增长率/%	进出口额/万美元	增长率/%
2013	38580.07	6.75	2289.34	60.51	40869.41	8.79
2014	38033.18	−1.42	2395.92	4.66	40429.10	−1.08
2015	25819.86	−32.11	1842.90	−23.08	27662.76	−31.58
2016	31390.27	21.57	2256.35	22.43	33646.62	21.63
2017	33268.80	5.98	3021.75	33.92	36290.55	7.86
2018	33019.24	−0.75	3504.14	15.96	36523.38	0.64
2019	26501.90	−19.74	2157.41	−38.43	28659.31	−21.53
2020	25806.51	−2.62	1792.75	−16.90	27599.26	−3.70
2021	28570.54	10.71	2994.67	67.04	31565.21	14.37
2022	21488.84	−24.79	6532.06	118.12	28020.90	−11.23
2023	19568.08	−8.94	6043.88	−7.47	25611.96	−8.60

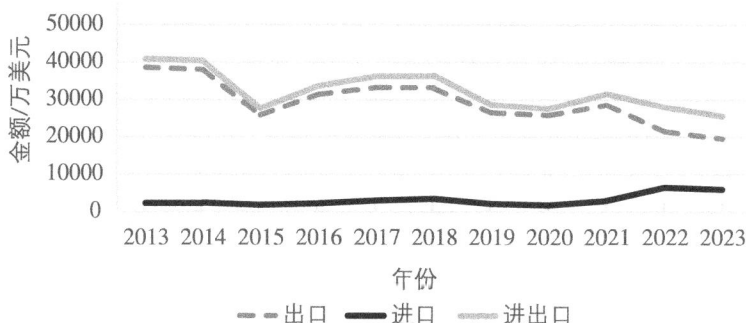

图2　2013—2023年浙江省与拉脱维亚的进出口贸易额变化情况

从投资合作来看，浙江企业在拉脱维亚的投资主要涉及基础设施建设、能源、信息技术等领域，拉脱维亚稳定的投资环境和良好的商业氛围为浙江企业提供了广阔的空间。2013—2023年，拉脱维亚在浙江投资企业累计达8家，合同外资累计111万美元，实际使用外资79万美元。②

2019年，宁波市政府与拉脱维亚投资发展署签署《关于合作支持建设中国

---

① 此表及图2的数据为笔者从浙江省商务厅调研、整理而得。
② 以上数据由浙江省商务厅提供。

（宁波）–拉脱维亚跨境电子商务港湾的合作谅解备忘录》，支持企业发展跨境电子商务，并为中东欧伙伴国提供了先进的跨境电子商务平台，以提高中东欧地区电子商务的整体水平。宁波市计划吸引企业尽快到拉脱维亚建立海外仓，以帮助中国电商企业通过里加在欧洲销售商品。同时，宁波市希望能够吸引企业在里加建立中国及中东欧商品永久展示中心，通过与拉脱维亚政府及企业的合作，将拉脱维亚打造成双向产品集散中心。2019年5月，拉脱维亚投资发展署署长安德里斯·奥佐尔斯出席了中国（宁波）–拉脱维亚跨境电子商务港湾启动仪式，并在致辞中指出拉脱维亚区位优势显著，交通物流业发达，拉方企业对浙江也表现出日益浓厚的兴趣，双方合作潜力巨大。

（三）教育交流与合作

教育合作是浙江省与拉脱维亚合作的重要组成部分。近年来，双方在高等教育、职业教育等领域开展了广泛而深入的合作，为两国的人才培养和国际交流搭建了重要平台。

浙江省与拉脱维亚有合作关系的高校主要包括浙江万里学院、浙大宁波理工学院等。这些高校与拉脱维亚文茨皮尔斯应用科技大学建立了合作关系，开展了教师互访、学生交流、科研合作、专业研修等项目，推动了双方在教育领域的深入合作。

"未来之桥"中国–中东欧青年研修交流营是2016年李克强总理在访问拉脱维亚并出席第五次中国–中东欧国家领导人会晤期间提出的倡议，并列入了《中国–中东欧国家合作里加纲要》。自此，"未来之桥"中国–中东欧青年研修交流营成为中国–中东欧青年交流的品牌活动，至2023年共举办了6届。其中，第2、3届在宁波举办。如2018年6月，为期三日的交流营在宁波举办，来自拉脱维亚等中东欧16个国家近100名代表参加。2019年7月，为期四日的交流营在义乌启幕，来自拉脱维亚等中东欧17国共200多名青年代表和专家学者参会，就推动双方在经贸、教育、体育、科技创新、人文交流等多领域的合作，进行了全方位、多层次的交流对话。

杭州师范大学借助环波罗的海国家研究中心的平台，积极与拉脱维亚高校展开交流。2023年10月20日，拉脱维亚陶格夫匹尔斯大学人文社会科学学院资深研究员、语言文学系执行系主任伊尔泽·卡凯纳教授应邀到杭州师范大学参观交流，并为环波罗的海国家研究中心师生做专题讲座，讲座由中心执行主任欧荣教授主持。卡凯纳教授以"拉脱维亚的区域国别研究"为主题,讲述了中国和拉脱维亚的交流历史,并分享了拉脱维亚第二大城市陶格夫匹尔斯的文化,介绍了陶格夫匹尔斯大学的办学历史和主要研究领域,并重点探讨了以社会、历史和身份认同为核心的跨学科比较研究。

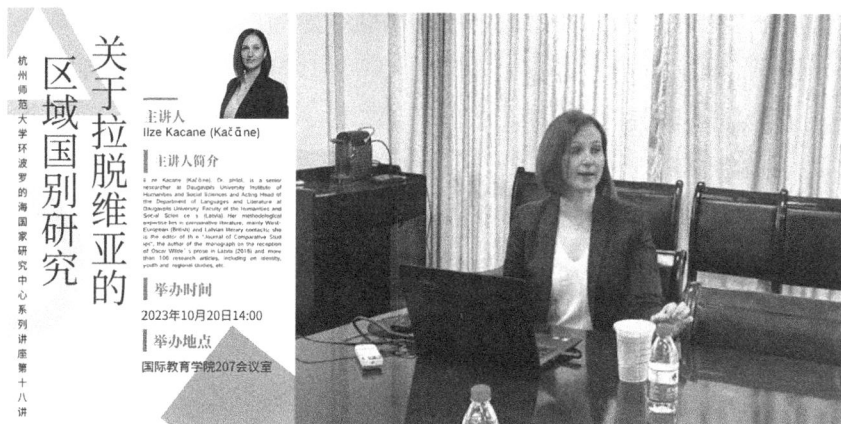

伊尔泽·卡凯纳教授为杭州师范大学环波罗的海国家研究中心师生做讲座

(图片来源:杭州师范大学)

(四)文化交流与合作

浙江省和拉脱维亚在旅游、文化艺术、文学论坛等多个领域展开了交流与合作。

2013年6月,杭州市政协副主席叶明率团访问拉脱维亚,开启了双方交流的新篇章。借助中国-中东欧国家合作机制,宁波市积极参与到与拉脱维亚的文化交流中,举办了旅游合作交流会、文化艺术展览等活动。例如:2017年拉脱维亚投资发展署、宁波市人民政府成功举办了拉脱维亚旅游推介会和企业对接会;拉脱维亚等16个国家的代表出席了2018天一阁论坛·第二届中国-中东欧国家文学论坛;"2019年拉脱维亚旅游管理研修班"到访宁波交流学习;2020年宁波美术馆主办的中东欧国家水彩画展线上展在宁波美术馆微信公众号上开展,其中参展的拉脱维亚艺术家亚尼斯·斯伯文斯曾数次来中国参展。杭州市也积极参与同拉脱维亚的交流。例如,2020年"良渚文化周"配套活动"外籍人士良渚行"成功举办,吸引了拉脱维亚等多国驻华使领馆官员和外国机构、外企工作人员及留学生代表等参与。

中东欧国家水彩画展线上展

（图片来源：宁波美术馆）

总的来说，浙江省与拉脱维亚在多个领域的交流与合作，彰显了双方友好关系和文化合作的成果。这些活动不仅促进了双方的了解和友谊，也为双方在文化交流等领域的合作提供了更多的机会和平台。

三、浙江省与拉脱维亚合作发展的机遇与挑战

浙江省以制造业、电子商务、金融科技等产业为主导，拥有丰富的民营企业和创新资源。拉脱维亚是连接东西欧的重要枢纽，具有得天独厚的地理优势。拉脱维亚的经济以服务业、工业和农业为主，同时也在信息技术、生物技术等领域有一定的实力。双方合作的机遇体现如下：

1. 贸易与物流：浙江省的制造业实力强大，而拉脱维亚的地理位置优越，是物流中转的理想之地。双方可以加强在贸易和物流领域的合作，共同打造高效的供应链体系。

2. 科技创新：浙江省在电子商务、金融科技等领域拥有丰富的创新资源，而拉脱维亚在信息技术、生物技术等方面有一定的研发实力。双方可以通过科技合作，共同推动创新产业的发展。

3. 文化旅游：浙江省拥有丰富的历史文化遗产和美丽的自然景观，而拉脱维亚的文化和旅游资源也独具特色。双方可以加强在文化旅游领域的交流与合作，促进人员往来和文化互鉴。

然而，浙江省与拉脱维亚的合作发展也面临着一些挑战，主要体现如下：

1. 政治与法律环境：不同国家的政治和法律环境存在差异，可能对合作产生一定的影响。浙江省与拉脱维亚在合作过程中需要充分了解并尊重对方的政治和法律体系。

2. 经济风险：国际经济环境的变化可能对双方的合作产生不利影响。双方需要密切关注国际经济形势，共同应对潜在的经济风险。

3. 文化差异：浙江省与拉脱维亚在文化、习俗等方面存在一定的差异，这可能对双方的交流与合作产生一定的影响。双方需要加强文化交流，增进相互理解和尊重。

四、浙江省与拉脱维亚合作发展的对策与建议

浙江省以制造业、电子商务、金融科技等为主导产业，拥有众多民营企业和创新资源，经济活力充沛。拉脱维亚则以服务业、工业和农业为基础，同时在信息技术、物流等领域有一定优势。双方在产业结构上存在一定的互补性，为合作提供了良好的基础。

1. 加强政府间沟通：建立定期的交流机制，加强双方政府间的沟通与合作，共同制定合作规划和政策。

2. 优化投资环境：浙江省和拉脱维亚应进一步完善投资法律法规，保护外国投资者的合法权益，为双方企业投资提供稳定的法律环境。

3. 深化经贸合作：利用浙江省的制造业优势和拉脱维亚的地理优势，加强双方在贸易、物流等领域的合作，共同开拓国际市场。建立常态化的经贸合作机制，推动双方在贸易、投资等领域的务实合作。

4. 推动科技创新合作：结合浙江省的创新资源和拉脱维亚的研发实力，共同推动双方在信息技术、生物技术等领域的创新与合作。

5. 加强人文交流：推动教育、文化、体育等领域的交流与合作，增进双方人民的相互认同和尊重。

6. 促进文化旅游交流：通过举办文化节、旅游推广活动等，增进双方人民的文化认同和友谊，为合作创造良好的人文环境。

综上，浙江省与拉脱维亚在多个领域存在合作潜力，通过加强政府间沟通、优化投资环境、深化经贸合作、推动科技创新合作和加强人文交流等对策，可以进一步推动双方的合作发展。同时，建立合作平台、加强信息共享、

推动人才交流、优化投资环境、加强金融合作和拓展合作领域等，将为双方的深入合作提供有力支持。通过共同努力和务实合作，相信浙江省与拉脱维亚一定能够克服各种挑战，实现共同发展和繁荣。

浙江省与立陶宛合作发展报告

欧　荣

摘　要：中国与立陶宛自建交以来，双方在经贸、文教、体育等领域的交往与合作稳步发展，这也带动了浙江省与立陶宛在经贸、教育、人文交流等领域开展诸多合作并取得了一定成效。本报告旨在梳理和总结浙江省与立陶宛在各领域的合作历程与现状，分析浙江省与立陶宛合作发展的机遇与挑战，并为双方未来的合作提出对策与建议。

关键词：浙江省；立陶宛；经贸合作；教育合作；人文交流与合作

作者简介：欧荣，文学博士，杭州师范大学环波罗的海国家研究中心执行主任、教授。

一、浙江省与立陶宛的合作背景

中国与立陶宛在 1991 年建交后，在经贸、文教、体育等各领域的务实合作不断巩固和深入。

中立双边经贸合作取得了一定发展。据中国海关总署统计，2016—2023 年中立双边进出口贸易总体稳定增长（表 1 和图 1）。2021 年，中立双边贸易额达 26.20 亿美元，为历史最高水平，同比增长 14.20%。其中中方出口 21.87 亿美元，同比增长 20.96%；进口 4.33 亿美元，同比下降 11.27%。2022—2023 年因受国际关系影响，双边贸易额与 2021 年相比降幅明显。

表 1   2016—2023 年中立双边贸易额统计^①

年份	出口额 / 亿美元	增长率 /%	进口额 / 亿美元	增长率 /%	进出口额 / 亿美元	增长率 /%
2016	12.92	6.67	1.64	17.99	14.56	7.85
2017	16.00	23.84	2.55	55.49	18.55	27.40
2018	17.63	10.19	3.30	29.41	20.93	12.83
2019	16.98	−3.69	4.37	32.42	21.35	1.96
2020	18.08	6.48	4.88	11.67	22.96	7.54
2021	21.87	20.96	4.33	−11.27	26.20	14.20
2022	17.85	−18.38	0.91	−78.98	18.76	−28.46
2023	19.59	9.75	1.35	48.35	20.94	11.68

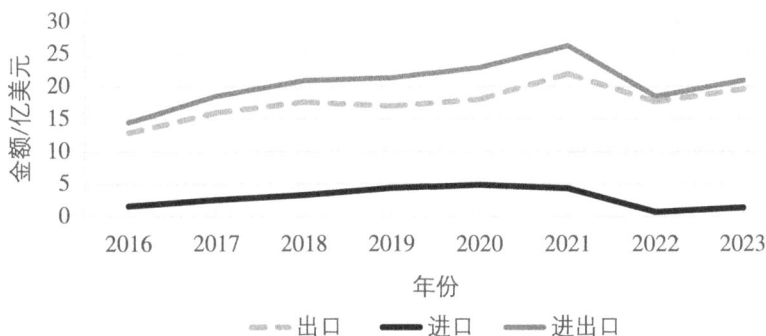

图 1   2016—2023 年中立双边贸易额变化情况

从商品结构来看，中国对立陶宛出口商品的主要类别包括：（1）电机、电气、音响设备及其零部件；（2）锅炉、机械及其零部件；（3）车辆（火车、电车除外）及其零部件；（4）家具、寝具，灯具，活动房；（5）钢铁制品。中国从立陶宛进口商品的主要类别包括：（1）铜及其制品；（2）家具、寝具，灯具，活动房；（3）谷物；（4）杂项化学产品；（5）光学、照相、医疗等设备及其零部件。中国对立陶宛投资主要分布在通信、电网设计、电子、纺织、金融、餐饮等领域；除中餐馆之外，中资企业包括华为技术有限公司、华北电力设计院有限公司并购的立陶宛 ETI 公司、江苏林洋能源股份有限公司并购的立陶宛 Elgama 公司，以及多家金融科技公司等。

---

① 2016—2021 年、2023 年数据根据海关统计数据在线查询平台的数据计算得出，参见：http://stats.customs. gov.cn/.海关总署没有发布 2022 年中国与立陶宛的双边贸易统计数据，该年数据由笔者根据 2023 年中国与立陶宛贸易额的增长率计算得出。

　　中立两国在教育领域不断推进友好交流与合作关系发展。2015 年两国签署了相互承认高等教育文凭的协议，为深化和拓展高等教育领域的交流与合作提供了良好机遇和保障。如在 2020 学年，约有 20 名立陶宛学生被中国的大学录取，并获得了政府奖学金。

　　2010 年，维尔纽斯大学、国家汉办与辽宁大学合作开办的孔子学院正式成立，之后在 2021 年 6 月，维尔纽斯大学与华东师范大学签订了新的合作协议。维尔纽斯大学孔子学院是立陶宛第一所也是最大的汉语和中国文化中心，旨在加强汉学研究、促进中立两国的科学研究和学术交流以及在立陶宛传播中国文化。维尔纽斯大学孔子学院为在校生和职场人士提供商务汉语课程，并在维尔纽斯、考纳斯、克莱佩达和什文乔尼斯若干所中小学开设了孔子课堂，提供基础汉语和文化课程，举办各种中国传统文化活动，增加中立两国人民之间的沟通与交流。自 2010 年起，北京外国语大学、北京第二外国语学院、河北外国语学院相继开展立陶宛语教学和设立立陶宛语专业；这些学校均与立陶宛大学展开合作，促进师生交流与专业学习。

　　中立两国的电影艺术交流较为频繁。2015 年，上海国际电影节首设"丝绸之路"影展单元。在 2017 年上海国际电影节期间举行的"'一带一路'电影文化圆桌论坛"上，立陶宛维尔纽斯国际电影节行业主管瑞塔·斯坦内利特透露，立陶宛 2012 年在维尔纽斯国际电影节已经和中国的合作方展开合作。[①]2018 年"一带一路"电影节联盟在上海成立，维尔纽斯国际电影节也随之加入。2018 年"首艺联·国际视野——'一带一路'立陶宛电影展映"是立陶宛影片在中国的首次集中亮相，展映了《永远在一起》《奇迹》《国王的轮岗》《训虫师》等 7 部影片。活动期间，立陶宛电影代表团与部分在北京的电影单位进行了交流，推进两国电影领域间的深度合作。[②]

　　立陶宛的戏剧蜚声海外，已连续数年来中国交流演出，并赢得了众多忠实观众。2016 年，立陶宛国宝级导演里马斯·图米纳斯携《马达加斯加》等 3 部作品首度访华，受邀参加北京第七届南锣鼓巷戏剧节，此后他多次携剧团来华演出。2017 年立陶宛导演奥斯卡·科索诺瓦斯携 OKT 剧团参加了乌镇戏剧节。2019 年，立陶宛国家话剧院在北京和上海演出科索诺瓦斯导演、改编自法国戏

---

① "一带一路"搭建电影合作之桥. (2017-06-01)[2023-07-23]. https://www.xwpx.com/article/html/article_52175.html.

② 任姗姗. 异域风情！"一带一路"立陶宛电影展映开幕. 人民日报，2018-06-04（12）.

剧家莫里哀的《伪君子》，收获了一片赞誉。

中立两国在体育文化领域也展开了交流，以篮球运动和武术为代表。在篮球运动方面，中国和立陶宛互派运动员进行交流。2016 年，上海男篮前立陶宛外援萨乌留斯·斯汤博加斯回到上海参加了上海男篮 20 周年庆元老赛。2017—2018 赛季，山东男篮签下了立陶宛前火箭中锋多纳塔斯·莫泰尤纳斯。2017 年中国运动员虞恒加入立陶宛 KBL 联赛（属二级联赛）乔纳瓦队效力，直到赛季结束。此外，中国多支球队邀请立陶宛教练来华指导年轻球员的训练和发展。中立双方还进行体育产业合作。例如 2017 年 11 月 22 日，中篮联（北京）体育有限公司与立陶宛职业篮球联赛联盟（简称 LKL）在北京签署战略合作伙伴关系协议。

中国武术在立陶宛的交流和推广始于 2006 年 10 月。2014 年，立陶宛成立了武术协会，并加入国际武术联合会，成立当年就举办了立陶宛首届国际武术锦标赛、立陶宛国际太极拳日活动，吸引了大批本地及周边国家的武术爱好者。截至 2023 年，立陶宛已经举办了 8 届武术锦标赛和国际太极拳日活动，极大地促进了武术运动在该国的发展和推广。比赛协办方维尔纽斯大学孔子学院为此专门开设了传授中国武术的体育特色课。2023 年 12 月 9 日，立陶宛武术联合会在立陶宛科技大学附属中学举办了武术表演赛。

二、浙江省与立陶宛交流合作历程与现状

借助于"一带一路"倡议和中国–中东欧国家合作机制，浙江省与立陶宛的合作近年来呈现出稳步增长的态势。浙江省与立陶宛的合作主要集中在经贸领域。双方企业在贸易、投资等方面已有一定的合作基础。浙江省的出口企业向立陶宛出口了包括机电产品、纺织品等在内的多种商品，同时从立陶宛进口了木材、食品等产品。双方在文化、教育等领域的交流也逐渐增多，如互派留学生、举办文化交流活动等。

（一）经贸合作

近年来，浙江省与立陶宛在经贸领域的合作日益密切。双方借助于中国–中东欧国家合作机制，如中国–中东欧国家经贸促进部长级会议、中东欧博览会、中东欧国家特色产品展、中国–中东欧国家投资合作洽谈会、中国–立陶宛中小企业经贸对接会等活动，不断探索合作机会，取得了显著的成果。

从贸易流量上看，根据浙江省商务厅相关统计数据（表 2 和图 2），浙江省对立陶宛的进出口贸易顺差较大。2013—2023 年浙江省与立陶宛的进出口贸易额波动明显，2018 年处于最高位，达 66560.15 万美元，2019—2021 年虽有下降，但幅度较小；2022 年贸易额大幅下降，同比下降 36.00%，为 38624.87 万美元；2023 年有所回升，达 40746.43 万美元，同比上升 5.49%。

表 2 2013—2023 年浙江省与立陶宛进出口贸易额统计[①]

年份	出口额/万美元	增长率/%	进口额/万美元	增长率/%	进出口额/万美元	增长率/%
2013	43762.05	4.30	1787.66	26.13	45549.71	5.02
2014	47748.91	9.11	1011.91	−43.40	48760.82	7.05
2015	34515.94	−27.71	1579.85	56.13	36095.79	−25.97
2016	39383.11	14.10	3649.68	131.01	43032.79	19.22
2017	52934.77	34.41	8099.35	121.92	61034.12	41.83
2018	55932.14	5.66	10628.01	31.22	66560.15	9.05
2019	49546.49	−11.42	12406.00	16.73	61952.49	−6.92
2020	45689.22	−7.79	11429.61	−7.87	57118.83	−7.80
2021	49873.56	9.16	10477.70	−8.33	60351.26	5.66
2022	37311.11	−25.19	1313.76	−87.46	38624.87	−36.00
2023	40033.38	7.30	713.05	−45.72	40746.43	5.49

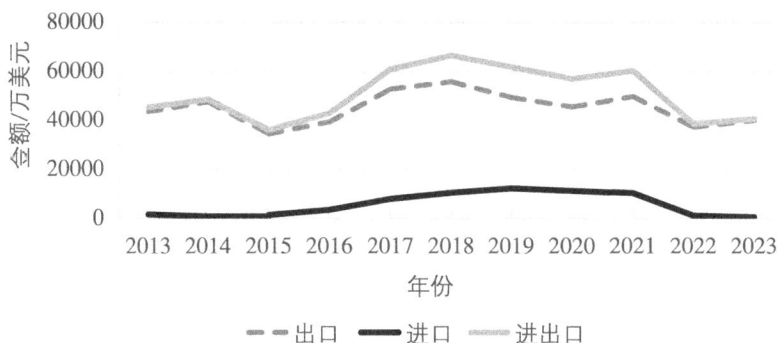

图 2 2013—2023 年浙江省与立陶宛进出口贸易额变化情况

浙江省与立陶宛开展经贸合作的城市主要是宁波和义乌。

2018 年 11 月 8 日，立陶宛国家馆在宁波正式开馆。展馆位于宁波进口商品中心 10 号馆二楼，展厅面积约 235 平方米。立陶宛国家馆主要展示立陶宛

---

① 此表及图 2 的数据为笔者从浙江省商务厅调研、整理而得。

特色及优质商品，同时对接立陶宛旅游文化教育等资源。2019 年 6 月 8—12 日，在宁波举办的中东欧博览会上，立陶宛举行了展区开馆仪式，关注中国市场的立陶宛公司的数量达到历史新高。立陶宛希望通过该次博览会，在经贸、交通物流、科技创新、金融、旅游等领域加强与中国的交流合作。2019 年 7 月，立陶宛企业署开通了微信公众号"Focus On 立陶宛商务"，以便更好地宣介立陶宛优质产品。

中东欧博览会上的立陶宛展区

（图片来源：中新网）

　　2020 年 5 月 4 日上午，随着"义乌—维尔纽斯"中欧班列中国邮政专列从义乌西站首发，"义新欧"中欧班列第 12 条国际铁路货运线路正式运行。这标志着"义新欧"线路版图再次扩大，成功打通了中国通往波罗的海地区的一条绿色、高效的运输新线路。该趟中欧班列从中国新疆霍尔果斯口岸出境，途经哈萨克斯坦、俄罗斯、白俄罗斯，5 月 16 日抵达立陶宛首都维尔纽斯，全程 10146 公里，随后，国际邮件被分拨至 36 个欧洲国家。"义乌—维尔纽斯"中欧班列的正式运营，成为中国通往波罗的海地区的又一条国际运输新通道。该专列抵达立陶宛后，立陶宛交通与通信部部长雅罗斯拉夫·纳尔克维奇在写给中国驻立陶宛大使申知非的贺信中说，在新冠疫情和诸多物流链中断的背景下，中欧班列中国邮政专列的开通为进一步巩固立中关系注入了新动力。[1]"义

---

[1] "义乌—维尔纽斯"中欧班列抵达立陶宛. (2020-05-19)[2023-07-20]. http://szb1.ywcity.cn/content/202005/19/content_29235.html.

乌—维尔纽斯"中欧班列的正式运营也为加强浙江省与立陶宛的经贸关系注入了新动力。

"义乌—维尔纽斯"中欧班列中国邮政专列从义乌西站首发

（图片来源：中国网）

就投资关系而言，2013—2023 年，立陶宛在浙江省投资企业累计达 9 家，合同外资累计 518 万美元，实际使用外资 276 万美元。[①]

（二）教育交流合作

教育合作是浙江省与立陶宛合作的重要组成部分。近年来，双方在高等教育、职业教育等领域开展了广泛而深入的合作，为两国的人才培养和国际交流搭建了重要平台。浙江省与立陶宛有合作关系的高校主要包括浙江万里学院、浙江科技大学等。这些高校与立陶宛多所高校建立了合作关系，开展了教师互访、学生交流、科研合作、专业研修等项目，推动了双方在教育领域的深入合作。

浙江省积极鼓励和带动全省高等教育机构主动"走出去"，开拓国际教育市场。2016 年，省商务厅、省教育厅与全省 30 所高职院校，在格鲁吉亚举办中国（浙江）国际教育服务洽谈会，吸引了包括立陶宛农业大学在内的众多高校参与。此次活动为立陶宛等国学生了解浙江省内高校提供了平台，扩大了浙江省高校在相关国家的知名度，为后续增进双方教育合作交流打下了基础。

---

① 以上数据由浙江省商务厅提供。

浙江万里学院在与立陶宛教育交流合作中占据主动性。2017 年 6 月 9 日，由浙江万里学院商学院、宁波海上丝绸之路研究院、北京外国语大学国际商学院等核心单位共同发起的"丝绸之路商学院联盟"在第四届中国（宁波）-中东欧国家教育合作交流会开幕式暨"一带一路"国家教育合作高峰论坛上正式成立，浙江万里学院商学院经由联盟理事会决定作为联盟秘书处的设立单位。联盟第一批成员为来自立陶宛等 21 个国家的 36 所院校与机构以及国内 56 所高校的商学院。丝绸之路商学院联盟旨在响应"一带一路"倡议，依托海上丝绸之路重要始发港宁波的本土优势，联合共建"一带一路"国家的杰出商学院，致力搭建跨界界、跨区域的学生、教师与企业、政府机构间交流互信平台，进一步推动学生交换学习、教师科研交流、商学院联盟在线课程建设等项目。2018 年 6 月 8 日，来自立陶宛等中东欧国家的 22 名官员组成的"2018 年中国-中东欧国家经贸官员经济技术园区合作研修班"的学员到访浙江万里学院。该研修班由中国商务部主办，商务部国际商务官员研修学院承办，宁波市商务局、宁波海上丝绸之路研究院协办，在华研修 14 天。

浙江科技大学（原浙江科技学院）与立陶宛高校展开了深度交流与合作。2017 年 5 月，浙江科技学院校党委书记龚建立率团赴立陶宛进行教育考察，访问了立陶宛考纳斯理工大学，与该校校长佩特拉斯·巴尔绍斯卡斯教授和相关学院院长进行了会谈。双方就推进本科生和硕士生交换项目、共建孔子学院等方面进行了深入会谈和探讨，最后双方共同签署了校际交流合作框架协议。2017 年 12 月，浙江科技学院叶高翔校长率团访问了立陶宛考纳斯理工大学，双方就数学、大数据、应用物理学等专业的科学研究、人才培养、师资培训、短期学生交流、合作申请国际项目等方面的合作进行了深入探讨，并达成共识。代表团对考纳斯理工大学的人文学院进行了实地考察，对该学院的办学硬件条件等方面进行了充分的了解。此次访问为拓展两校多项目交流夯实了基础。2019 年 4 月，立陶宛考纳斯工业大学经管学院副院长科斯塔斯·多巴博士到访浙江科技学院经济与管理学院。来访期间，多巴博士结合跨国企业对国际贸易专业人力资源的要求，为该院国际商务硕士专业留学生分别做了题为"国际贸易专业面临的挑战"以及"跨国企业外派工作的挑战"两场学术专题报告。多巴博士还就欧洲工业 4.0 的内涵与未来影响等问题与该院师生进行了深入交流与探讨。之后浙江科技学院领导与多巴博士就双方今后的合作交流进行了会谈，并针对双方师生的长短期交流等达成了进一步合作意向。

2017 年，浙江科技学院代表团访问立陶宛考纳斯理工大学

（图片来源：浙江科技大学）

（三）文化交流合作

自 2005 年以来，浙江省与立陶宛之间一直保持着良好的人文交流，在音乐、舞蹈、戏剧、美食等多个领域，双方都有深入的交流与合作。这些交流活动不仅增进了双方之间的相互了解和友谊，也推动了双方在文化艺术领域的共同发展。

浙江省和立陶宛的音乐家们进行了多次互访，举办音乐会和讲座。2015 年，宁波国际声乐大赛邀请了立陶宛的音乐家担任评委，同时立陶宛的音乐家也参加了在杭州举办的国际音乐节。从 2017 年开始，立陶宛音乐与戏剧学院等中东欧国家艺术机构通过中国–中东欧国家音乐院校联盟，定期与浙江音乐学院开展音乐艺术交流。2017 年 5—6 月，为贯彻落实《文化部"一带一路"文化发展行动计划（2016—2020 年）》，打造丝绸之路文化之旅品牌，由中国文化部外联局和浙江省文化厅合作举办、浙江音乐学院承办的首届"意会中国"——"一带一路"艺术大师工作坊在杭州举办。来自立陶宛等共建"一带一路"国家的 11 位艺术家前往浙江音乐学院各系观摩教学、体验学习、开展大师课、举办音乐会，并参加文化采风活动，更深入地了解了中国的民俗风情和文化内

首届"意会中国"——"一带一路"艺术大师工作坊在杭州举办

（图片来源：浙江新闻）

涵。[1]其中立陶宛音乐与戏剧学院的现代舞教师鲁塔·布特库特全程参与了活动，并受聘为浙江音乐学院舞蹈系外籍专家。

在戏剧领域，浙江省和立陶宛的戏剧团体多次进行互访演出，加强了双方在戏剧艺术领域的交流。乌镇戏剧节和杭州国际戏剧节是浙江省与立陶宛在文化艺术领域交流的重要平台。自 2015 年起，立陶宛的导演和剧团多次参加这两大戏剧节，为浙江观众带来了极具艺术价值的演出。自 2015 年起，立陶宛导演雅娜·罗斯和维达斯·巴利吉斯先后参加了第三届和第四届乌镇戏剧节。他们的作品探讨了现代人的精神状态和人性问题，展现出立陶宛戏剧的实验性和创新性。同时，立陶宛的 OKT 剧团也参加了第五届乌镇戏剧节，上演了《海鸥》等作品，赢得了浙江观众的喜爱。2019 年 9 月，杭州国际戏剧节特邀立陶宛奥特拉斯·艾瑞马剧团演出《在冰下，在冰下》。该剧由立陶宛年轻一代最具盛名的戏剧导演奥特拉斯·艾瑞马执导，展现出立陶宛戏剧的独特魅力。此次演出为杭州国际戏剧节增添了浓厚的艺术氛围，也进一步推动了浙江省与立陶宛在文化艺术领域的交流与合作。

---

[1] "意会中国"——"一带一路"艺术大师工作坊开幕，相关活动精彩纷呈. (2017-05-26)[2023-07-20]. https://www.sohu.com/a/143869562_270973.

第五届乌镇戏剧节上的立陶宛OKT《海鸥》演出剧照

（图片来源：澎湃新闻）

2021 年 6 月，作为中东欧博览会唯一的人文交流活动——"舌尖上的相遇——中东欧美食与'诗画浙江·百县千碗'人文交流活动"在宁波举办。立陶宛经济与创新部部长维尔吉尼尤斯·辛克维丘斯和立陶宛驻华大使伊娜·玛邱罗尼塔等官员出席了此次活动。维尔吉尼尤斯·辛克维丘斯表示，宁波是中东欧美食进入中国的门户，更是中欧两地文化的桥梁。

三、浙江省与立陶宛合作发展的机遇与挑战

随着全球化进程的加速，国际合作已成为推动地方经济发展的重要手段。浙江省与立陶宛在经贸、教育和人文交流领域已有一定的合作基础，为未来的双方合作发展提供了良好的机遇，但也面临着重大的挑战。

（一）浙江省与立陶宛合作发展的机遇

1. 贸易和投资机遇：立陶宛是连接东西欧的重要枢纽，具有得天独厚的地理优势。浙江的商品可以通过立陶宛进入欧洲市场，同时立陶宛的投资环境也为浙江企业提供了良好的投资机会。

2. 科技创新合作：立陶宛在信息技术、生物技术等领域有着较强的科研实力，与浙江省的科技创新需求高度契合。两地可以开展科技交流和合作，共同推动科技创新。

3. 教育和文化交流：立陶宛的教育资源丰富，文化底蕴深厚。浙江省与立

陶宛的教育和文化交流有助于增进两地人民的相互理解和友谊，为经济合作奠定坚实的社会基础。

（二）浙江省与立陶宛合作发展的挑战

1. 政治和经济风险：国际政治经济形势的复杂多变可能对浙江省与立陶宛的合作产生不利影响。双方需要密切关注国际形势，及时调整合作策略。

2. 法律和政策差异：法律体系、政策环境等方面的差异，可能对双方的合作产生一定影响。双方需要加强沟通和协调，共同推动合作项目的顺利实施。

3. 文化和语言障碍：文化和语言的差异可能影响浙江省与立陶宛人民的深入交流和合作。双方需要采取积极措施，加强文化和语言教育，增进相互理解和信任。

4. 疫情的影响仍需时间修复：经贸、教育、文化旅游等合作关系，在新冠疫情防控期间都不同程度地受到影响，需要较长的时间来修复。

四、浙江省与立陶宛合作发展的对策与建议

浙江省与立陶宛的合作发展既面临重大机遇，也存在一定挑战。为了进一步深化双方之间的经贸关系，推动双方在多个领域的合作，本报告提出以下对策与建议。

（一）加强政府间沟通与协调

1. 建立定期会晤机制：浙江省与立陶宛地方政府应加强沟通与合作，建立定期交流机制，就双方关心的重大问题进行深入磋商，共同研究解决合作中的问题和挑战。

2. 强化政策对接：双方应加强政策沟通和对接，确保各自的政策环境有利于合作项目的开展，减少不必要的政策障碍。

（二）深化经贸合作与投资

1. 拓展贸易领域：鼓励浙江企业进口立陶宛的优势产品，同时推动立陶宛市场更多地接受浙江的优质商品，实现贸易的双向增长。同时，双方应积极推动贸易和投资自由化便利化，加强在优势产业领域的合作，共同开拓国际市场。

2. 促进投资便利化：为双方企业提供更加便利的投资环境，包括简化审批程序、提供税收优惠等，以吸引更多的相互投资。

（三）加强科技创新合作

1. 建立科技合作平台：浙江省与立陶宛应共同建立科技创新合作平台，促进双方在新技术、新产品研发等领域的交流与合作，共同推动科研成果的转化和应用。

2. 推动人才交流：鼓励科研机构和高校之间的人才交流，共同培养具有国际视野的科技创新人才。

（四）加强文化和旅游合作

1. 提升旅游合作水平：加强旅游宣传和推广，共同开发具有特色的旅游线路和产品，吸引更多的游客互访。

2. 加强文化交流：举办各类文化活动，如艺术展览、音乐节等，增进双方人民的文化认同和友谊。

（五）加强教育和培训合作

1. 推动教育资源共享：鼓励更多高校和教育机构开展合作，共享优质教育资源，提高教育水平。

2. 加强职业培训合作：针对双方劳动力市场的需求，共同开展职业培训项目，提升劳动力的技能和就业竞争力。

浙江省与立陶宛的合作具有广阔的前景和巨大的潜力。通过加强政府间沟通与协调、深化经贸合作与投资、加强科技创新合作、加强文化和旅游合作以及加强教育和培训合作等，相信双方的合作将不断迈上新的台阶，为双方的经济社会发展带来更加丰硕的成果。

参考文献

陈楠枰. 拉脱维亚：以"16+1"物流合作为媒. 交通建设与管理，2015（21）：47.

程红泽."一带一路"国别概览——爱沙尼亚. 大连：大连海事大学出版社，
　　2018.

戴腾. 认同视角下立陶宛语言教育政策. 北京：北京外国语大学，2019.

高潮. 拉脱维亚：充满投资机遇的国家. 中国对外贸易，2004（5）：72-75.

葛音，安德烈. 白俄罗斯与部分波罗的海国家经济特区法规比较分析. 当代经
　　济，2019（4）：4-11.

郭春菊. 爱沙尼亚："电子居民"有何权利. 福建市场监督管理，2023（3）：58.

韩萌. 我国对中东欧国家直接投资的区位选择研究. 北京：对外经济贸易大学，
　　2019.

李楚天，马颖蕾. 欧洲小而美的创新典范：爱沙尼亚. 张江科技评论，2021（3）：
　　56-59.

李轩，李珮萍."一带一路"主要国家数字贸易水平的测度及其对中国外贸成本
　　的影响. 工业技术经济，2021（3）：92-101.

刘馨蔚. 向中国出口脚步加快　数字贸易渐成主流. 中国对外贸易，2019（12）：
　　39-41.

刘馨蔚. 拉脱维亚热盼中国机遇. 中国对外贸易，2020（3）：68-69.

玛邱罗尼塔. 立陶宛与中国的贸易快速增长. 邓哲远，译. 中国投资，2018
　　（13）：47-51.

尚劝余，贝德高. 汉语之花盛开在波罗的海之滨——我与拉脱维亚的故事. 北
　　京：世界知识出版社，2022.

尚宇红，张琳. 中国-中东欧国家双边货物贸易回顾与展望. 俄罗斯研究，2023

（2）：150-168.

申源.小国巍巍，科技爱沙尼亚.环境经济，2019（Z1）：110-111.

时映梅，岳丽雪，崔忠兴，等."一带一路"国别概览——立陶宛.大连：大连
　　海事大学出版社，2018.

宋晨晨.拉脱维亚低碳循环经济与能源转型——欧洲经验对中国的启示.营销
　　界，2020（20）：191-192.

孙玉琴，卫慧妮."一带一路"背景下中国与中东欧国家开展数字贸易的思考.
　　国际贸易，2022（1）：76-87.

唐涛.爱沙尼亚数字社会发展之路.上海信息化，2018（7）：79-82.

梼杌.一带一路为中国与爱沙尼亚合作带来更多机遇.中国对外贸易，2019
　　（3）：74-75.

屠偲嬑.优化宁波与中东欧国家进口贸易探讨.宁波经济（三江论坛），2023
　　（5）：16-19.

王军锋，盛钢，闫国庆，等.中国－中东欧国家合作机制下浙江企业"走出去"
　　的实施路径研究.宁波经济（三江论坛），2021（8）：9-11.

王晓波.立陶宛两大投资优势.中国投资（中英文），2019（1）：42-46.

杨蕊，冯小庆."一带一路"国别概览——拉脱维亚.大连：大连海事大学出版
　　社，2018.

尹冰璇.苏联解体后拉脱维亚对外贸易政策变化及中拉合作的影响.中阿科技论
　　坛（中英文），2021（5）：13-15.

苑生龙.拉脱维亚总体形势及中拉共建"一带一路"的前景与建议.中国经贸导
　　刊，2015（27）：54-56.

赵赛.基于制度环境视角的中国OFDI的贸易效应研究——基于"一带一路"沿
　　线64个国家的实证分析.经济问题探索，2022（1）：166-180.

后 记

本书梳理了 2013—2023 年中国浙江省与波罗的海三国在经贸、文化、教育等各方面的合作交流情况，并对未来的合作发展提供前瞻性预测和可行性建议。本书由总报告、领域篇和国别篇三部分组成，其中领域篇包括经贸、教育和文化领域的交流合作。

本书是浙江省区域国别与国际传播研究智库联盟共同承担的"浙江省对外区域国别合作发展丛书"之一，是 2023 年度浙江省新型智库立项课题"浙江省参与共建'一带一路'：波罗的海三国卷（2013—2023）"的结项成果。感谢在本书编撰之初，浙江省社科联秘书长刘东、浙江省社科联科研处处长蔡青、浙江师范大学非洲研究院院长刘鸿武教授高屋建瓴的指导；感谢浙江大学出版社国际文化出版中心主任包灵灵就图书出版规范进行的指导；感谢浙江师范大学非洲研究院周倩教授分享智库报告编撰经验；感谢浙江省区域国别与国际传播研究智库联盟首席专家、浙江师范大学非洲研究院党总支书记王珩教授对本书初稿提出宝贵的修改建议；感谢辽宁大学波罗的海国家研究中心执行主任穆重怀副教授审读本书并提出补充建议；感谢杭州师范大学科研处的经费支持；感谢杭州师范大学环波罗的海国家研究中心团队成员的精诚合作，他们分别是阿里巴巴商学院的王淑翠教授，外国语学院的赵丹副教授、朱越峰副教授和钟丽佳博士，以及经亨颐教育学院的王蓉博士；感谢浙江大学出版社董唯女士认真细致的编辑工作。

由于作者团队学识有限，疏漏之处，敬请各位读者和同人批评指正。

欧　荣

2024 年 3 月 31 日